Deux pièces imparfaites
sur la Grâce et le Concile de Trente

BIBLIOTHÈQUE DES TEXTES PHILOSOPHIQUES

DIRECTEUR : HENRI GOUHIER

# PASCAL

—

## Deux pièces imparfaites sur la Grâce et le Concile de Trente

EXTRAITES

### du M S de l'abbé Périer
son Neveu

—

*Introduction et notes de Louis LAFUMA*

PARIS

Librairie Philosophique J. VRIN

6, Place de la Sorbonne (Ve)

1947

# HISTORIQUE DU MS
## DE
## L'ABBÉ PÉRIER

En juin 1944 un concours de circonstances inattendues nous a mis entre les mains une copie ancienne d'écrits de Pascal.

Nous avons établi (1) que nous avions retrouvé *le MS petit in-8°* de Sainte-Beuve disparu depuis plus de soixante-quinze ans.

Nous avons découvert que ce manuscrit était *le MS de l'abbé Périer*, neveu de Pascal, ce dont ni Sainte-Beuve, ni Faugère ne se sont doutés.

Faugère, au moment même où il s'en servait pour collationner de nombreux textes, déclare textuellement :

« *Ce MS était selon toute apparence une copie de* « *fragments inédits de Pascal que Périer avait faite à* « *son usage. La trace en est aujourd'hui perdue.* » (2)

Comme son histoire n'a jamais été faite nous allons essayer de la reconstituer.

* * *

Il en est fait pour la première fois mention dans une

(1) *Trois Pensées inédites de Pascal*, extraites du MS de l'abbé Perer, son neveu. Les Editions littéraires de France, Paris 1945.
(2) FAUGÈRE. *Les Pensées*, 2ᵉ éd. 1897. Tome I, p. XXXII, note 2.

lettre de dom Touttée, bénédictin, à l'abbé Périer en date du 12 juin 1711 :

« *J'ai l'honneur de vous renvoyer les trois écrits que* « *vous avez bien voulu me communiquer. Au bas des* « *deux petits écrits j'ai mis le titre qu'on pouvait à peu* « *près leur donner : j'ai aussi mis à la marge du grand* « *quelques observations.*

........................................................

« *Je travaille à rédiger en ordre les pensées contenues* « *dans les trois cahiers que vous m'avez laissés. Je crois* « *qu'il ne faudra comprendre dans ce recueil...* » (3)

Les luttes religieuses de la fin du règne de Louis XIV particulièrement défavorables à Port Royal n'ont pas permis de réaliser la publication projetée.

L'existence du manuscrit est confirmée en 1728 par le Père Desmolets. Dans *la Continuation des Mémoires d'histoire et de littérature*, Tome V, part. 2, il publia :

1º *L'Entretien de M. Pascal et de M. de Sacy* sur la lecture d'Epictète et de Montaigne, tiré des Mémoires alors inédits de Fontaine, mais sans indiquer sa source ;

2º *Œuvres posthumes* ou *Suite des Pensées* de M. Pascal, extraites du manuscrit de M. l'abbé Périer son neveu.

Cette *Suite de Pensées* qui comprend l'*Art de persuader*, deux brefs passages de l'*Esprit géométrique*, la pensée sur l'*Amour-propre et ses effets*, quatre-vingt-quatorze *Pensées diverses*, dont soixante-dix-sept inconnues à cette époque, est la publication la plus

(3) Cf. Faugère. *Pensées*. T. I, app. V, p. 438.

importante en inédits de l'auteur des *Pensées*, qui ait été faite entre 1670 et 1842 (4) date du *Rapport* de V. Cousin à l'Académie française sur la nécessité d'une nouvelle édition des *Pensées* de Pascal.

Tous les textes de cette *Suite des Pensées* de M. Pascal se retrouvent sans exception dans notre copie, jusqu'aux fautes de lecture. Par exemple nous lisons :

« *Athéisme manque de force d'esprit mais jusqu'à un* « *certain point seulement.* »

Au lieu de (MS. 9202, p. 61) :

« *Athéisme marque de force d'esprit mais jusqu'à* « *un certain degré seulement.* »

C'est donc bien à tort que V. Cousin écrit, à propos de cette pensée mal lue par le copiste de l'abbé Périer et fidèlement reproduite : « *Desmolets n'a pas osé mon-* « *tré Pascal tel qu'il est.* » (5) Et c'est à tort également que Sainte-Beuve insiste :

« *Il n'avait osé comprendre l'idée de Pascal dans* « *toute sa portée (voir M. Cousin sur ce point ; c'est* « *un des endroits les plus intéressants de son Rapport).* » (6)

En 1731, Marguerite Perier — elle a 85 ans et sa mémoire n'est plus très fidèle — ayant demandé à ses amis de Paris d'où le Père Desmolets avait tiré les écrits de son oncle qu'il avait publiés, l'abbé D'Etemare fut chargé de la rassurer.

---

(4) Contrairement à ce que laissent entendre plusieurs éditeurs des *Pensées* l'édition Bossut (1779) n'a révélé que fort peu de fragments inédits : exactement vingt-huit. Ces éditeurs se sont laissés sans doute impressionner par le ton publicitaire de la préface. « *Notre édition est beaucoup plus complète que toutes celles qui ont paru jusqu'ici..., etc.* » (*Œuvres de Pascal*, T. II, p. IV.)

(5) *Des Pensées de Pascal*. Rapport à l'Académie, 3e éd., p. 175. Paris 1847.

(6) SAINTE-BEUVE. *Port Royal*, T. III, p. 341, note 1. Hachette, 1860.

« *L'entretien de M. Pascal avec M. de Sacy, est tiré,*
« *quoique ce ne soit pas marqué des mémoires de M. Fon-*
« *taine, secrétaire de M. de Sacy. Il a laissé en mourant*
« *ces Mémoires qui sont longs et qui contiennent beaucoup*
« *de particularités intéressantes touchant les solitaires*
« *de Port-Royal avec qui il avait vécu presque dès les*
« *commencements. Son héros, et celui dont il s'est le*
« *plus occupé c'est M. de Sacy. Il faut que cet entretien*
« *de M. Pascal avec M. de Sacy ait été mis par écrit sur-le-*
« *champ par M. Fontaine. Il est indubitablement de*
« *M. Fontaine pour le style, mais il porte pour le fond le*
« *caractère de M. Pascal à un point qu'il est bien certain*
« *que M. Fontaine ne pouvait inventer rien de pareil.*
« *Le fond de cet entretien est excellent ; à l'égard des*
« *Pensées vous les connaissez, Mademoiselle, ce sont celles*
« *que j'ai vues entre les mains de M. l'abbé Périer.* » (7)

Ce sont les pensées que nous retrouvons dans notre
copie et non des « notes prises par Pascal pour cet
entretien ou pour un entretien analogue », comme
l'avait imaginé F. Strowski. (8)

Vers 1755, dom Clémencet rédige une *Histoire
littéraire de Port-Royal*, en majeure partie encore inédite aujourd'hui. (9) La publication en 1933 par E. Jovy
du chapitre sur Pascal, permet de constater que tous
les textes reproduits ou résumés proviennent du *MS
de l'abbé Périer.* (10)

Il choisit de préférence ceux qui ne sont pas encore
connus, mais il n'indique pas sa source. Jovy qui

(7) Recueil de plusieurs pièces pour servir à l'Histoire de Port
Royal, in-12º Utrecht, 1740, p. 274.
(8) PASCAL. *Œuvres complètes*, librairie Ollendorf, T. III, p. 388.
(9) Bibliothèque Magazine MS, 4533 à 4535.
(10) E. JOVY. *La vie inédite de Pascal* par dom Clémencet, Paris,
Vrin 1933.

l'ignorait, accuse le bénédictin de bouleverser les textes. Dom Clémencet reproduit, en effet, entre autres documents, *la comparaison des chrétiens d'hier et d'au-d'hui* en se référant ligne à ligne à notre copie dont les paragraphes numérotés ne se suivent pas comme dans le MS 12449 auquel il est d'usage de se reporter.

En 1776, Condorcet publie *Eloge et Pensées de Pascal* Dans sa préface, il écrit :

« *On a trouvé dans les manuscrits de l'abbé Périer* « *son neveu, une copie de ces pensées rejetées par les Edi-* « *teurs ; et cette copie avait été faite sur l'original de* « *Pascal, déposé à la Bibliothèque de Saint-Germain-* « *des Prez.* » (11)

Tous les inédits que nous fait connaître Condorcet sont pris dans notre copie Celle-ci en conserve des traces matérielles car tout ce qui a été retenu (notamment une partie importante de l'*Esprit géométrique*) est encadré de croix et tout ce qui a été omis est enfermé dans des parenthèses ou encadré de ronds, suivant les usages typographiques du XVIIIe siècle.

Comme Desmolets, il arrive à Condorcet de tomber sur une lecture défectueuse. Ainsi (art. VI-XVIII) :

« *Si le nez de Cléopâtre eut été plus court, toute la* « *face de la terre aurait changé.* »

Au lieu de (MS. 9202, p. 487) :

« *Le nez de Cléopâtre : s'il eut été plus court, toute la* « *face de la terre aurait changé.* »

V. Cousin mentionne (12) cette erreur de lecture, que Desmolets avait également reproduite, mais sans

---

(11) *Eloge et Pensées de Pascal*, nouvelle édition. Commentée, corrigée et augmentée par Mr. de XXX (Voltaire), Paris 1778, pp. 5 et 6.

(12) Rapport à l'Académie..., p. 195.

insister. Sainte-Beuve se contente de corriger sur le manuscrit même.

Nous retrouvons notre copie entre les mains de Sainte-Beuve en 1837-1838 au moment où il fait son cours de Lausanne. Plus tard, dans son *Port-Royal*, à propos de quelques citations de pensées, il saisit l'occasion pour préciser dans une note :

« *Je les cite, sauf une ou deux variantes, d'après l'édi-*
« *tion de M. Faugère ; avant que cette édition ait paru,*
« *je les avais déjà citées à Lausanne dans mon cours de*
« *1837-1838, car je possède un petit manuscrit des Pen-*
« *sées dont M. Faugère a bien voulu tenir compte dans*
« *son édition et qui m'avait appris, sans tant d'efforts*
« *et avant ce grand bruit de découvertes, à peu près tout*
« *ce qui m'était utile pour mon objet.* » (13)

Mais il ignore qu'il s'agit du *MS de l'abbé Périer* ; il croit qu'il possède la copie de Brienne :

« *Je possède un petit cahier tout pareil à celui de*
« *Brienne, un petit manuscrit abrégé des pensées qu'on*
« *avait retranchées à l'impression ; ce pourrait être le*
« *même, ou une copie faite d'après celui-là.* » (14)

Dans sa correspondance (15) il est question à diverses reprises de ce manuscrit et nous ne serions pas éloigné de penser que s'il ne l'avait pas eu à sa disposition — avec le manuscrit de l'*Histoire littéraire de Port-Royal* de dom Clemencet — il n'aurait vraisemblablement pas entrepris ses études sur Port-Royal. Il ne lui était pas possible de se renseigner ailleurs, à la bonne porte, car ses relations avec la Bibliothèque

(13) *Port Royal*, Tome III, p. 23, note 2. Hachette 1860.
(14) *Port Royal*, Tome III, p. 308 note 1.
(15) Correspondance de Sainte-Beuve, éd. Bonnerot, T. VI (en-préparation).

janséniste de la rue Saint-Jacques étaient loin d'être cordiales et il n'a jamais pu obtenir de celle-ci la moindre documentation.

Comment Sainte-Beuve s'était-il procuré ce manuscrit ? Mystère. On peut supposer que c'est Daunou qui lui en a fait cadeau, Daunou qui, au cours de la tourmente révolutionnaire, avait conservé les papiers de dom Clémencet.

En 1844, Faugère le mentionne et le décrit sous la dénomination de *MS petit in*-8°. Il indique qu'il a été mis à sa disposition par Sainte-Beuve et qu'il l'a largement mis à contribution pour son édition des *Pensées, fragments et lettres de Pascal*. (16)

Les éditeurs en sont ensuite réduits à signaler sa disparition. (17)

Sainte-Beuve qui avait eu, à un moment donné, l'intention de faire une édition *des Pensées* (18) l'a-t-il confié à son secrétaire, Ch. des Guerrois, pour la préparer ? C'est vraisemblable.

Celui-ci l'aura sans doute prêté à un ami, et oublié dans un coin de bibliothèque, *le MS de l'abbé Périer* a finalement échoué chez un marchand de livres qui l'aura acquis, avec d'autres volumes vendus au poids, d'un héritier insouciant.

---

(16) FAUGÈRE. *Pensées*, 2e éd., pp. LXIIV et LXV.
(17) J. CHEVALIER dans l'*Œuvre de Pascal*, la Pléiade, Paris, écrit par exemple, p. 358 :
« Ces fragments (De l'esprit géométrique, De l'art de persuader)
« qui avaient été publiés partiellement par le P. Desmolets (1728),
« Condorcet (1776) et Bossut (1779) proviennent d'un manuscrit
« aujourd'hui perdu qui avait appartenu à Sainte-Beuve et dont
« Faugère eut communication pour son édition de 1844. »
(18) M. Bonnerot, le très érudit conservateur de la Bibliothèque de la Sorbonne, a retrouvé le manuscrit de cette édition, préparée pour Hachette, dans les papiers Lovenjoul.

\* \* \*

Le *MS de l'abbé Périer* est intéressant à étudier en raison de la place qu'il tient dans l'histoire de la publication des écrits de Pascal. Nous pouvons, en effet, constater que de 1728 à 1779, tous les textes inédits qui ont été révélés au public en sont extraits.

Ainsi contrairement à ce qu'ont affirmé quelques éditeurs, Condorcet n'a utilisé pour sa publication ni le *Recueil Original des Pensées* (MS. 9202), ni le *MS*. 12449 qui quelques années plus tard fut mis à la disposition de Bossut. Il a tout simplement utilisé *le MS de l'abbé Périer*.

Ensuite, quelques textes importants pour l'étude de la pensée pascalienne, ne nous sont connus que grâce à lui. Il en est ainsi pour :

> *l'Esprit géométrique,*
> *l'Art de persuader*
> *l'Amour-propre et ses effets.*

Il est vraiment curieux de constater que les originaux en ont disparu alors que tant de brouillons informes ont été pieusement conservés.

Enfin le manuscrit nous donne en tête du chapitre réservé aux Pensées détachées une liste, numérotée de 1 A à 27 DD, de vingt-sept bouts de papier mis de côté par la famille de Pascal et qui n'avaient pas été communiqués aux copistes.

Ce sont les fameuses pensées retranchées auxquelles de Brienne, Voltaire, Condorcet, Bossut ont fait allusion, mais sans les identifier. Maintenant nous les connaissons. Z. Tourneur a eu l'intuition qu'elles devaient être classées à part puisque dans les éditions qu'il a réalisées (1938 éd. de Cluny, 1942 Vrin) il réserve une section aux « textes qui n'ont pas été retenus par les copistes ».

Ces feuilles numérotées, nous avons constaté qu'elles se trouvaient rassemblées, à l'exclusion de toutes autres, dans les cahiers IX et X du *Recueil Original*.

Mais alors la confection de ce *Recueil Original* ne s'est pas faite n'importe comment, comme tout le monde le répète ? Et cette constatation nous invite à penser qu'une comparaison très poussée entre les classements du *Recueil Original* (MS. 9202) et de la *Copie* (MS. 9203) doit permettre de réaliser un jour une présentation des *Pensées* plus conforme à l'ordre relatif qui existait à la mort de Pascal dans ses papiers.

La liste des pensées retranchées doit nous permettre à coup sûr d'éliminer de l'*Apologie de la religion* des textes qui ne lui étaient certainement pas destinés. Ainsi on ne devrait plus voir, par exemple, le Mystère de Jésus incorporé, soit à une section sur la morale et la doctrine chrétienne, soit à un chapitre réservé aux preuves de Jésus-Christ.

Il nous semble donc que l'étude du *Ms de l'abbé Périer* peut servir de point de départ pour toute une série de recherches intéressantes et désintéressées.

# INTRODUCTION

Nous trouvons au folio B du *Recueil Original* des Pensées de Pascal (MS. 9202) le document suivant :

« *Je soussigné, prêtre, chanoine de l'Eglise de Cler-*
« *mont, certifie que le présent volume contenant ... pages,*
« *dont il y en a plusieurs en blanc, a été trouvé après la*
« *mort de M. Pascal, mon oncle, parmi ses papiers et est*
« *en partie écrite de sa main et partie qu'il a fait copier*
« *au net sur sa minute, lequel volume contient plusieurs*
« pièces imparfaites sur la grâce et le Concile de
« Trente *et je l'ai déposé dans la Bibliothèque de Saint-*
« *Germain-des-Prés, à Paris, pour y être conservé parmi*
« *les autres manuscrits.*

« *Fait à Paris, ce vingt-cinq septembre mil sept cent*
« *onze.* »

PÉRIER.

La disparition de ce volume reste une énigme. Quoiqu'il en soit, en l'absence des originaux, cette attestation garantit l'authenticité des textes connus par le *MS. BN f.fr* 12449 et le 1er *Recueil MS Guerrier.*

La découverte du *MS de l'abbé Périer* est venue confirmer cette authenticité car il contient les deux plus importants écrits de Pascal sur les sujets que l'abbé a nommément désignés, à savoir la Grâce et le Concile de Trente.

Sa copie est intéressante à examiner car il ne faut pas oublier que l'abbé Périer a assuré personnellement la garde de tous les papiers de son oncle de 1687 — date de la mort de sa mère Gilberte Périer — jusqu'à 1711.

Le copiste a travaillé sur les originaux de la main de Pascal et les blancs qu'il a laissés et qu'il signale ne sont pas le fait d'un déchiffrement impossible.

Cette copie est antérieure à 1711. A notre avis, elle est plus ancienne que celle des deux autres manuscrits connus. Elle a donc la valeur d'un original.

C'est Bossut qui a, en 1779, été le premier à publier une partie des écrits sur la Grâce.

A. Gazier apprécie ainsi son essai (1) :

« *Bossut dans son édition de 1779 a tenté de tirer* « *de ce chaos un ensemble. Il a d'abord fait un choix, en* « *rejetant les notes, et aussi deux fragments complets,* « *sans doute parce qu'il ne leur accordait pas une assez* « *grande valeur. Puis il a organisé les morceaux épars*

(1) Les Grands Ecrivains de la France. Blaise Pascal, T. XI, pp. 103-104. Hachette, Paris 1914.

2.

« *retenant un texte entre les versions d'un même dévelop-*
« *ment, supprimant les citations qui lui semblaient trop*
« *longues, corrigeant souvent le style de Pascal, introdui-*
« *sant des transitions pour souder les divers morceaux.*
« *C'est par ce procédé qu'il a formé trois écrits auxquels*
« *il a donné les titres suivants :*

« Lettre touchant la possibilité d'accomplir les
« commandements de Dieu.

« Dissertations sur le véritable sens de ces paroles
« des Saints Pères et du Concile de Trente : Les com-
« mandements ne sont pas impossibles aux justes.

« Discours où l'on fait voir qu'il n'y a pas une
« relation nécessaire entre la possibilité et le pou-
« voir. »

A. Gazier expose ensuite ce qu'il a cherché à réaliser pour l'*édition des Grands Ecrivains* :

« *Nous avons reproduit tous les textes de Pascal que*
« *nous avons trouvés, et dans l'état où nous les avons*
« *trouvés, sans chercher à unir les fragments qui sont*
« *séparés dans la copie* (2). *Cependant nous n'avons*
« *pas voulu conserver le chaos du manuscrit qui rend*
« *illisibles ces brouillons peut-être incomplets. Nous*
« *avons cherché à les présenter dans un ordre logique, tout*
« *en donnant toutes les diverses versions d'un même pas-*
« *sage ; aucun signe d'ailleurs ne permet de reconnaître*
« *celle que Pascal avait adoptée en dernier lieu.* »

Il a ainsi constitué trois groupes (3) :

---

(2) C'est ce qui avait été fait déjà par M. Jovy dans le premier
volume de son *Pascal inédit* (1908) p. 37 et suiv. (Note de Gazier).

(3) J. CHEVALIER dans l'*Œuvre de Pascal*, a rassemblé les textes
en quatre écrits, mais en omettant les redites, les doubles rédactions
et les longues citations.

1º Deux écrits sur la Grâce : le premier et le deu-
xième.

2º Huit fragments d'une lettre de Pascal sur la
possibilité des commandements, les contradictions
apparentes de Saint-Augustin, la théorie du double
délaissement des justes, et le pouvoir prochain.

3º Quatre fragments sur la possibilité des commandements.

Le *MS de l'abbé Périer* n'a conservé que le premier
écrit sur la Grâce et le second fragment sur la possibilité des commandements.

C'est là que dom Clémencet les a pris et résumés.
A. Gazier remarque à ce propos :

« *Clémencet a cherché à les présenter avec ordre en*
« *les résumant; il semble avoir eu entre les mains quelques*
« *feuillets que nous ne possédons plus ; son résumé est*
« *malheureusement très rapide.* »

Nous publions ces quelques feuillets et les autres
qui nous apportent de nombreuses variantes pour des
textes déjà connus.

Nous respectons l'orthographe du copiste.

# SUR LA GRACE

■

## MANUSCRITS

MS de l'abbé Périer, folios 5 à 25.
MS BN. f. fr. 12449, folios 683 à 691.
1er Recueil MS Guerrier, f° 160.
MS Clemencet B. Mazarine 4534.
MS Clemencet B. du protestantisme français,101 A.

## IMPRIMÉS

E. Jovy, Pascal inédit. Tome I, p. 104 (1908).
Edition des Grands Ecrivains, Tome XI, p. 128 (1914)
E. Jovy, La vie inédite de Pascal, p. 44 (1933).

\*\*\*

f° 5   [*Copié sur l'original écrit de la main de M. Paschal,
mais déchiré en quelques endroits quoique peu considé-
rables, en sorte qu'on a été obligé de supléer quelques mots
qu'on a distingués en les souslignant.*]

Il est constant qu'il y a plusieurs des hommes damnés, et plusieurs sauvés. Il est constant (1) que ceux

VARIANTES DU MS. 12449
(*Ed. des Grands Ecrivains*, T. XI, pp. 128 à 140)

(1) il est constant encore que

qui sont sauvés ont voulu l'etre et que Dieu (2) l'a
voulu aussi. Car si Dieu ne l'eut pas voulu ils ne
l'eussent pas été (3). Celui qui nous a fait sans nous,
ne peut pas nous sauver sans nous.

Il est aussi véritable que ceux qui sont damnés
ont bien voulu faire les péchés qui ont mérité leur
damnation, et que Dieu a aussi bien voulu les condamner.

Il est donc evident que la volonté de Dieu et celle
de l'homme concourrent au salut et à la damnation
de ceux qui sont sauvés ou damnés.

Et il n'y a point de question en (4) cela. Si donc on
demande pourquoi les homes sont sauvés ou damnés,
on peut en un sens dire que c'est parce que Dieu le
veut et en un sens dire que c'est parce que les homes
le veulent.

Mais il est question de savoir laquelle de deux volontés, savoir de la volonté de Dieu, où de la volonté
de l'home est la maitresse, la dominante, la source, le
principe et la cause de l'autre.

Il est question de savoir si la volonté de l'homme est
la cause de la volonté de Dieu, ou si la volonté de Dieu
est la cause de la volonté de l'home.

Et celle qui sera dominante et maitresse de l'autre
sera considérée comme unique en quelque sorte, non
parcequ'elle le soit, mais parcequ'elle enferme le
concours de la volonté suivante, et l'action sera rap-

(2) Dieu aussi l'a voulu
(3) pas esté, et s'ils ne l'eussent pas aussi voulu eux mesmes, ils
ne l'eussent pas esté.
(4) en toutes ces choses.

portée à cette volonté première et non a l'autre (5) ;
quoiqu'on ne nie pas qu'elle ne puisse etre aussi en
un sens rapportée à la volonté suivante. Mais elle (6)

fº 6 est proprement à la volonté maîtresse, comme à son
principe. Car la volonté suivante est telle qu'on peut
dire en un sens que l'action provient d'elle, puisqu'elle
y concourt, et en un sens qu'elle n'en provient point,
parce qu'elle n'en est pas l'origine : mais la volonté
primitive est telle qu'on peut bien dire d'elle que
l'action en provient, mais on ne peut (7) dire d'elle
en aucune sorte que l'action n'en provienne pas.

C'est ainsi que saint Paul dit, *je vis, non pas moi, mais
Jésus-Christ vit en moi* certainement le premier mot
qu'il a dit, *je vis,* n'est pas faux ; car il est (8) vivant,
et non seulement de la vie corporelle dont il ne s'agit
pas en cet endroit ; mais de la vie spirituelle ; car il
était en grâce. Et il dit ailleurs de lui-même en plusieurs endroits. *Nous étions morts, et nous sommes
vivifiés,* etc., mais (9) quoique ce qu'il dit soit très
vrai, qu'il fut vivant, il (10) assure le contraire incontinent en disant, *Je ne suis pas vivant* (11). L'Apôtre
n'est pas (12) menteur. Il est (13) vrai qu'il est vivant,

---

(5) l'autre. Ce n'est pas qu'elle

(6) elle l'est.

(7) mais on ne peut en aucune sorte dire d'elle que l'action n'en
provient pas.

(8) il estoit.

(9) mais encore qu'il soit très vray.

(10) il le désavouë incontinent.

(11) *Non ego vivo.*

(12) n'est point.

(13) il est donc.

puisqu'il dit *je suis vivant* ; il est donc aussi véritable qu'il n'est pas vivant, puisqu'il dit *non ego vivo* (14), *je ne suis pas vivant*, et ces deux vérités subsistent ensemble ; parce que sa vie, quoiqu'elle lui soit propre, ne vient pas originairement (15) de lui, il ne l'est (16) que par Jésus-Christ. La vie de Jésus-Christ est la source de sa vie.

Ainsi il est vrai en un sens qu'il est vivant, puiqu'il a la vie, il est aussi vrai en un sens qu'il n'est pas vivant, puisqu'il ne l'est que de la vie d'un autre, mais il est vrai que Jesus-Christ est vivant et on ne peut pas dire qu'il ne l'est pas.

C'est ainsi que Jésus-Christ dit lui-même, « *ce n'est pas moi qui fait les œuvres, mais le Père qui est en moi* » (1): Et néanmoins il dit aussy (17) « *les œuvres que j'ai faites* ». J.-C. n'est pas un menteur et son humilité n'a pas (18) fait tort à la vérité. On peut donc dire, puisqu'il l'a dit, qu'il a fait des œuvres et qu'il ne les a pas faites : mais il est constant que la Divinité les a faites en lui, et on ne peut pas dire qu'il ne les a point faites.

Ainsi le Prophete dit, « *O Seigneur vous avez fait en nous toutes nos œuvres* » ; donc ces œuvres sont de Dieu puisqu'il les a faites, et ces œuvres sont de nous, puisqu'elles sont nôtres.

Ainsi S. Paul dit, « *J'ai travaillé, non pas moi, mais*

(14) *jam non ego.*

(15) originellement.

(16) il n'est vivant que.

(17) il dit ailleurs.

(18) n'a point fait tort à sa verité.

(1) En marge : J. C. ne veut pas être *ppe* et vous le voulez être.

*la grace de J.-C. qui est avec moi* » (19). Ses paroles ne sont pas fausses. Comment est-ce qu'il a travaillé, et qu'il n'a pas travaillé, mais que c'était (20) la grace qui etait avec lui qui a travaillé, sinon parceque son travail peut être dit sien, puisque sa volonté y a concouru, et peut n'etre pas dit sien, puisque sa volonté n'a pas été la source de ses propres désirs. Mais la grace de Dieu a été celle dont on peut dire qu'elle a travaillé ; Car elle a préparé sa volonté, car elle a opéré en lui le vouloir et l'action, et l'on ne peut pas dire qu'elle n'a pas travaillé, puisqu'elle a été l'origine et la source de son travail. C'est ainsi qu'il dit ailleurs « *non ego, sed quod inhabitat in me peccatum,* » en parlant des mouvements indélibérés de sa volonté.

Il y a un nombre d'exemples dans les écritures de ces manieres de parler (21), qui nous fait voir que quand deux volontés concourrent à un effet, si l'une est dominante, maitresse et cause infaillible de l'autre, l'action peut être attribuée et otée à la volonté suivante et peut être attribuée à la dominante, et (22) ne peut pas ne lui pas être attribuée. Nous considerons donc la volonté dominante comme unique quoiqu'elle ne le soit pas, mais (23) parcequ'elle est l'unique à qui (24) on puisse tout ensemble attribuer l'action et à qui on ne puisse la refuser (25). Nous lui attribuons

(19) avec moy. Comment est-ce qu'il.
(20) mais que c'est.
(21) ces manières de discours qui.
(22) mais ne.
(23) soit pas, parce.
(24) à qui l'on.
(25) refuser. Suivant ce style.

l'action : en suivant ce stile, il est question de savoir
si ce qu'il y a des hommes sauvez et damnés procède de ce que Dieu le veut ou de ce que les hommes
le veulent.

C'est-à-dire que :

Il est question de savoir si Dieu se soumettant les
volontés des homes a eu une volonté absoluë de sauver les uns et de damner les autres : et (26) qu'il ait
en conséquence de ce decret incliné au bien les volontés des Elus, et au mal celle des réprouvés, pour les
conformer ainsi les uns (27) les autres à sa volonté
absolue de les sauver ou de les perdre.

Ou si soumettant au libre arbitre des homes l'usage
de ses graces, il a prévu de quelle sorte les uns et les
autres en voudroient user et que suivant leurs volontés
il ait formé celle de leur salut ou de leur condamnation.

Voila la question qui est aujourdhuy agitée entre
les hommes et qui est diversement décidée par trois
avis.

Les Premiers sont les Calvinistes, les seconds sont
les Molinistes, les derniers sont les Disciples de Saint
Augustin.

## CALVINISTES

L'opinion des Calvinistes est que Dieu en créant
les hommes, en a créé les uns pour les damner, et les
autres pour les sauver, par une volonté absoluë et sans
prévision d'aucun merite :

(26) et si, en conséquence de ce décret il incline.
(27) les uns ou les autres à la volonté absolue qu'il a.

8

Que pour executer cette volonté absoluë Dieu a fait pécher Adam, et non seulement permis, mais causé sa chute.

Qu'il n'y a aucune différence en Dieu entre faire et permettre :

Que Dieu aiant fait pécher Adam et tous les hommes en lui, il a envoié J.-C. pour la redemption de ceux qu'il a voulu sauver en les créant, et qu'il leur donne la charité et le salut indubitablement :

Que Dieu abandonne et prive durant tout le cours de la (28) vie de la charité ceux qu'il a résolu de damner en les créant.

f° 9    Voilà l'opinion épouvantable de ces hérétiques injurieuse à Dieu et insupportable aux hommes. Voilà les impudens (29) blasphèmes par lesquels ils etablissent en Dieu une volonté absoluë et sans aucune prévision de mérite ou de péché pour damner, ou pour sauver les créatures.


## MOLINISTES

En haine de cette opinion abominable et de (30) l'excès dont elle regorge les Molinistes ont pris un sentiment non seulement opposé, ce qui suffisait, mais absolument contraire.

C'est que Dieu a une volonté conditionnelle de sauver génerallement tous les hommes :

Que pour cet effet J.-C. s'est incarné pour les racheter tous, sans en excepter aucun, et que :

---

(28) de leur vie.
(29) Voilà les blasphemes.
(30) des excès qu'elle enferme,

Ses graces étant offertes (31) à tous, il dépend (32) d'un chacun d'en bien ou mal user :

Que Dieu aiant prévu de toute eternité le bon ou le mauvais usage qu'on ferait de ses graces (33), a voulu sauver ceux qui en useroient bien, et damner ceux qui en useroient mal, n'aiant pas eu de sa part de volonté absoluë ni de sauver, ni de damner aucun des homes.

Cette opinion contraire à celle des Calvinistes produit un effet tout contraire, elle flatte le sens commun que l'autre blesse ; elle le flatte et (34) le rendant maitre de son salut ou de sa perte, elle exclut de Dieu toute volonté absoluë et fait que le salut et la damnation procèdent de la volonté humaine, au lieu que dans celle de Calvin l'un et l'autre procède de la volonté divine.

Voilà quelles sont ces erreurs contraires entre lesquelles les disciples de S. Augustin marchant avec plus de lenteur (35) et de considération fondent leur sentiment de la sorte.

### Disciples de Saint Augustin

Ils considèrent deux étas dans la Nature humaine. L'un est celui auquel elle a été crée dans Adam, saine sans tache, juste et droite, sortant des mains de Dieu duquel rien ne peut partir que pur, saint et parfait ;

10

(31) estant données à tous.
(32) il depend de leur volonté et non de celle de Dieu d'en.
(33) ces graces par le seul arbitre sans le secours d'une grace discernante, a voulu.
(34) flatte en.
(35) plus de retenuë et de consideration, etablissent leur.

L'autre est l'état auquel (36) elle a été réduite par le péché et la révolte du premier homme, et par lequel elle est devenue souillée, abominable et detestable aux yeux de Dieu.

Dans l'état d'innocence Dieu ne pouvoit avec justice damner aucun des hommes, Dieu ne pouvoit même leur refuser les graces suffisantes pour le salut. Dans l'état de corruption Dieu pouvoit avec justice damner toute la masse entière et ceux qui naissant encore aujourdhuy sans en être retirés par le bapteme sont damnés et privés eternellement de la vision béatifique, ce qui est le plus grand des maux.

Suivant ces deux états differens, ils forment deux sentimens différens touchant la volonté de Dieu pour le salut des hommes.

Ils pretendent que dans (37) l'etat d'innocence c'est à dire au jour de la creation Dieu a eue une volonté générale et conditionnelle de sauver tous les hommes pourvu qu'ils le voulussent moiennant (38) les graces suffisantes qu'il leur donneroit (39) pour leur salut : mais qui ne les determinoient pas infailliblement à perseverer dans le bien.

Mais qu'Adam aiant par son libre arbitre mal usé de cette grace et s'étant revolté contre Dieu par un mouvement (40) pur et simple de sa volonté et sans aucune impu sion de Dieu, ce qui seroit detestable à penser et aiant corrompu et infecté toute la massse des

(36) l'estat où elle.
(37) que pour l'estat d'innocence. Dieu a eu.
(38) voulussent par le libre arbitre aidé des graces.
(39) donnoit.
(40) mouvement de sa volonté.

hommes, en sorte qu'elle a été le juste objet de l'ire (41) et de l'indignation de Dieu, ils entendent que Dieu a séparé cette masse toute egallement coupable, et toute entière digne de damnation, qu'il en a voulu sauver une partie par une volonté absolue fondée sur sa seule misericorde toute pure et gratuite : et que laissant l'autre dans la damnation où elle etoit et où il pouvoit avec justice laisser la masse entière, il a prévu ou les péchés particuliers que (42) l'homme commet-troit ou au moins le péché originel dont ils sont tous coupables, et qu'en suite de cette prévision il les a voulu condamner. Que pour cet effet Dieu a envoié J.-C. pour (2) (sauver absolument et par des moiens très efficaces ceux qu'il a choisis) et prédestinés de cette masse ;

(3) (Qu'il n'y a que ceux-là à qui il ait voulu abso-lument meriter le salut par sa mort, et qu'il n'a pas eu cette meme volonté pour le salut des autres qui n'ont pas été délivrés de cette perdition universelle et juste.

Que néanmoins quelques uns de ceux qui ne sont pas prédestinés ne laissent pas d'être appellés pour le bien des Elus (et ainsi ils (43) participent à la rédemp-tion de J.-C.) mais (44) qu'ils ne persevereront pas ;

---

(41) objet de la colère.

(42) que chacun commettoit.

(43) et ainsi de participer à.

(44) J. C. Que c'est la faute de ces personnes de ce qu'ils ne

(2) *En marge* : le salut de ceux là seulement qu'il a choisis, etc.' Pasch.

(3) *En marge* : que c'est seulement pour leur salut que J. C. est mort et que les autres pour le salut desquels il n'est pas mort n'ont pas été délivrés, etc. Pasch.

(et cela par leur propre faute parce qu'ils le feroient s'ils le vouloient, mais comme ils ne sont pas du nombre des Elus, Dieu ne leur donne pas ces graces efficaces, sans lesquelles ils ne veulent jamais en effet et J.-C. n'a point eu de volonté absolue que les premiers recussent aucune grace par sa mort, puisqu'en effet ils n'en ont pas recue.)

Et partant qu'il y a trois sortes d'hommes, les uns qui ne viennent jamais à la foi, les autres qui y viennent et qui ne persevèreront pas meurent dans le péché mortel et les derniers qui viennent à la foi et y persevèrent en la charité jusqu'à la mort.

Pour les premiers J.-C. n'est point mort pour eux et ne les a pas rachetés.

Pour les seconds J.-C. les a (4) rachetés, mais pour

persevèrent pas ; qu'ils le pourroient, s'ils le vouloient, mais que n'estant pas du nombre des Eleus, Dieu ne leur donne pas ces grâces efficaces sans lesquelles ils ne le veulent jamais en effet... Et partant qu'il y a trois sortes d'hommes, les uns qui ne viennent jamais à la foy, les autres qui y viennent et qui ne persévérant pas meurent dans le péché mortel, et les derniers qui viennent à la foy et y persevèrent dans la charité jusqu'à la mort. Jésus Christ n'a point eu de volonté absoluë que les premiers recussent aucune grâce par sa mort, puisqu'ils n'en ont point en effet receu.

Il a voulu racheter les seconds ; il leur a donné des grâces qui les eussent conduits au salut, s'ils en eussent bien usé, mais il ne leur a pas voulu donner cette grâce singulière de la persévérance, sans laquelle on en use jamais bien.

Mais pour les derniers, J. C., a voulu absolument leur salut, et il les y conduit par des moyens certains et infaillibles.

(4) *En marge* : bien voulu racheter et leur à donné des grâces qui les eussent conduits au salut s'ils en eussent bien usé ; mais il ne leur a pas voulu donné cette grace singulière qui en fait bien user (Ceci n'est pas de M. Paschal) *(a)*.

*(a)* Cette note est en contradiction avec celle qui est au recto de ce feuillet. (SAINTE-BEUVE.)

*Au bas de la page* : Tout ce qui est dans cette page et la suivante enfermer entre ( ) n'est pas de M. Paschal mais ce qui est à la marge.

un tems et est bien mort pour eux et non pour leur salut.

Pour les derniers, Jesus Christ est mort pour leur salut.

12    Que tous les hommes du monde sont obligés (45) sur peine de damnation eternelle et de péché contre le S. Esprit irrémissible en ce monde et en l'autre de croire (5) qu'ils sont de ce petit nombre d'Elus pour le salut desquels J.-C. est mort et d'avoir la même pensée de chacun des hommes qui vivent sur la terre quelque méchans et impies qu'ils soient, tant qu'il leur reste un moment de vie, laissant dans le secret impénétrable de Dieu le discernement des Elus d'avec les réprouvés.

Voila leur sentiment, suivant lequel il (46) se voit que Dieu a une volonté absoluë de sauver ceux qui sont sauvés et une volonté conditionnelle et par prévision de damner les damnés ; Que le salut provient de la volonté de Dieu, et la damnation de la volonté de (47) l'homme.

---

(45) ...sont obligez de croire, mais d'une créance meslée de crainte et qui n'est pas accompagnée de certitude, qu'ils sont de ce petit nombre d'Eleus que Jésus-Christ veut sauver et de ne juger jamais d'aucun des hommes qui vivent sur la terre, quelque meschans et impies qu'ils soient, tant qu'il leur reste un moment de vie, qu'ils ne sont pas du nombre des Predestinez laissant dans le secret impenetrable de Dieu le discernement des Eleus d'avec les reprouvez. Ce qui les oblige de faire pour eux ce qui peut contribuer à leur salut.

(5) *En marge* : mais d'une creance melée de crainte. (Non de M. Pasc.).

(46) lequel on void.

(47) des hommes.

Et (48) les disciples de S. Augustin, fondés sur l'Ecriture, sur les Pères, sur les Papes, sur les conciles, sur la tradition invariable de l'Eglise emploient leurs larmes envers Dieu et leurs soins envers les hommes pour leur faire connaitre à tous la verité, s'adressent aux uns et aux autres et leur parlent en ces termes.

L'Eglise (49) a un déplaisir bien sensible de se voir déchirée par les erreurs contraires qui combattent ses plus saintes vérités ; mais quoiqu'elle ait sujet de se plaindre de (50) vous, Molinistes et de vous Calvinistes : néanmoins elle reconnoit qu'elle recoit moins d'injures de ceux qui s'égarant par leurs erreurs demeurent dans son sein que de ceux qui s'en sont séparés pour faire autel contre autel, sans avoir plus de tendresse ni pour sa voix maternelle qui les appelle ni de déférence pour ses décisions qui les condamnent.

Si (51) votre erreur l'afflige, o Moliniste, votre soumission la console ; mais votre erreur, Calviniste, jointe à votre rebellion luy fait crier à Dieu « *J'ai nourri des enfans et ils m'ont méprisée* ». Elle sait que pour (52) vous, Moliniste, il suffit qu'elle parle par la bouche de f° 13 ses Papes et de ses Conciles ; que la tradition de l'Eglise

(48) Voilà le sentiment des disciples de Saint-Augustin, ou plutost celuy des Peres et de toute la Tradition et par conséquent de l'Eglise, les autres ne devant estre considerez que comme des egaremens de l'esprit humain.

(49) Or quoyque ce soit un deplaisir bien sensible à l'Eglise de se voir dechirée par des.

(50) se plaindre et des Molinistes et des Calvinistes,

(51) Si l'erreur des Molinistes l'afflige, leur soumission la console, mais l'erreur des Calvinistes jointe à leur rebellion luy.

(52) pour les Molinistes.

vous (53) est en vénération ; que vous n'entreprennez
pas de donner aux textes sacrés des interprétations
particulières, et que vous suivez celle que la foule et
que la suite successive de ses saints docteurs et de ses
Papes et de ses Conciles ont déterminées.

Mais (54) pour vous, Calviniste, votre rebellion la
rend inconsolable. Il faut qu'elle agisse avec vous
comme d'egal à égal et que sans avoir de déférence
pour son autorité, il faut disputer de raison. Elle vous
appelle tous néanmoins à elle et se prepare à vous
convaincre chacun suivant vos propres principes.

Elle se console (55) néanmoins en ce que vos erreurs
contraires établissent sa vérité ; qu'il suffit de vous
abandonner à vos raisons pour vous détruire et que les
armes que vous employez contre elle ne lui peuvent
nuire et ne peuvent que vous ruiner.

Ce n'est pas en cette seule rencontre qu'elle a (56)
eprouvés des ennemis contraires ; elle n'a quasi jamais
été sans ce double combat, et comme elle a éprouvée
cette contrariété dans (57) la personne de J.-C. son

(53) de l'Eglise leur est en vénération, qu'ils n'entreprennent
pas de donner aux paroles de l'Ecriture des interprétations particulières et qu'ils ont dessein de suivre celles que la foule et la suite
de ces saints Docteurs et de ses Papes et de ses Conciles y ont données.

(54) Mais pour les Calvinistes, leur rebellion la rend inconsolable.
Il faut qu'elle agisse avec eux comme d'égal à égal et qu'en mettant
à part son autorité elle se serve de la raison. Elle les appelle néanmoins tous à elle et se prepare à les convaincre chacun suivant ses
propres principes.

(55) Elle se console en ce que ces erreurs contraires establissent
sa verité ; qu'il suffit de les abandonner à eux-mesmes pour les de-
truire, et que les armes que ces divers ennemis employent contre
elle, ne luy peuvent nuire et ne peuvent que les ruiner.

(56) qu'elle éprouve.

(57) en.

chef que les uns ont voulu faire homme seulement et les autres Dieu seulement, elle en a senti presque en tous les autres points de sa creance, mais en imitant aussi son chef, elle (58) vous tend les deux bras pour pouvoir vous appeler tous et vous embrasser ensuite ensemble pour former une heureuse union (6).

Elle s'adresse donc à vous et vous demande le sujet de vos plaintes et premièrement à vous, Molinistes, comme étant ses enfans et................
.................

f⁰ 14    *(Ceci est la suite de ce qu'il dit de l'opinion des Molinistes. Ce qui précède manque dans l'original qui ne commence qu'à ces mots.)*

Dieu a eu une pareille volonté égale, generalle et conditionnelle de les sauver tous, pourvu qu'ils veuillent, laissant à leur libre arbitre de le vouloir ou de ne le vouloir pas par le moien de la grace suffisante qu'il donne à tous les hommes par les miracles de J.-C.

Ainsi ce que les uns sont sauvés et les autres ne le sont pas ne vient pas de la volonté absolue de Dieu, mais de la volonté des hommes.

En cela consiste leur erreur.

*(Le reste de la page est en blanc dans l'original.)*

### CALVINISTES

Que Dieu en créant les hommes en Adam a eu une volonté absolue avant la prévision d'aucun mérite ou

---

(58) elle tend les bras aux uns et aux autres pour les appeler tous et les embrasser...

(6) Ici s'arrêtent le MS. 12449 et le 1ᵉʳ Recueil MS Guerrier. La suite n'était connue que par le résumé qu'en avait fait dom Clèmence.

démérite d'en sauver une partie, et d'en damner l'autre. Que pour cet effet Dieu a fait pécher Adam et tous les hommes en lui afin que tous étant criminels, il put damner avec justice ceux qu'il avait résolu de damner en les créant, et a envoié J.-C. pour la redemption de ceux là seulement qu'il avait résolu de sauver en les créant. Tout cela est plein d'erreur.

Voilà les trois opinions qui sont aujourdhuy en vigueur. Celle des Calvinistes est si horrible et frappe d'abord l'esprit avec tant de force par la vue de la cruauté de Dieu envers ses Créatures, qu'elle est insupportable. Celle des Molinistes au contraire est si douce, si conforme au sens commun qu'elle est très agréable et très charmante. Celle de l'Eglise tient le milieu, et elle n'est ni si cruelle que celle de Calvin ni si douce que celle de Molina. Mais parceque ce n'est pas sur les apparences qu'il faut juger de la verité, il faut les examiner à fond.

Pour commencer cet examen, il faut se remplir l'esprit de la grandeur du péché originel et de la plaie qu'il a apportée au genre humain.

fo 15

Il faut considérer combien l'état des hommes en leur création diffère de l'état des homes après le péché.

Les hommes en Adam au jour de leur creation etaient justes, agréables à Dieu et soumis.

Les memes hommes en Adam après sa prevarication sont pecheurs, abominables et révoltés contre Dieu. Et le péché d'Adam transmis à toute sa postérité est si énorme qu'encore qu'on n'en puisse concevoir la grandeur, il suffit de dire qu'il a fallu pour l'expier qu'un Dieu se soit incarné et qu'il ait souffert jusqu'à la mort pour faire entendre la grandeur du mal en le mesurant à la grandeur du remède.

C'est pour cette raison que l'Eglise considérant les hommes dans ces deux états différens a deux pensées bien différentes touchant la volonté de Dieu pour leur (salut et damnation).

Elle reconnoit en Dieu une volonté égalle, generalle et conditionnelle pour le salut des hommes en leur création.

Mais elle reconnoit en Dieu une volonté absolue d'en sauver quelques uns infailliblement après le péché et d'en laisser quelques autres après le même péché, sans vouloir les sauver.

Et le manque de discerner ces deux états est la source de l'erreur des uns et des autres. Et comme l'esprit de singularité a conduit ces hommes infirmes qui les ont inventés, les uns considérant la volonté de Dieu à l'égard des hommes criminels comme unique ont établi en Dieu une volonté absolue de damner les uns et de sauver les autres au point de la création.

Et les autres considérant la volonté de Dieu sur les hommes innocens, l'ont étendue aussi sur les hommes criminels et ont établi en Dieu une volonté generalle et conditionnelle de les sauver tous.

f° 16    Ainsi les Molinistes et nous sommes conformes en la créance de la volonté de Dieu pour le salut des hommes en leur création, sans aucune difference, mais nous différons en la volonté de Dieu après la chute d'Adam.

Et les Calvinistes différent horriblement de nous en la volonté de Dieu en la creation de l'home, et nous sommes conformes de paroles en la volonté absoluë de Dieu en la rédemption, mais différens en sens, en ce que nous entendons que le decret de Dieu est postérieur à la prévision du péché d'Adam et donné sur les hommes criminels, et eux pretendent que ce décret est non seulement prieur, mais cause du péché d'Adam et donné sur les hommes encore innocens.

Ainsi les Molinistes pretendent que la Prédestination et la réprobation sont par la prévision des mérites et des péchés des hommes.

Les Calvinistes prétendent que la prédestination. et la réprobation sont par la volonté absolue de Dieu Et l'Eglise prétend que la prédestination vient de la volonté absolue de Dieu et la réprobation de la prevision du péché.

Ainsi les Molinistes posent la volonté des hommes pour source du salut et de la damnation.

Ainsi les Calvinistes posent la volonté de Dieu pour source du salut et de la damnation.

Ainsi l'Eglise pose que la volonté de Dieu est la source du salut et que la volonté des hommes est la source de la damnation.

L'Etat de ces opinions étant ainsi éclairci il faut maintenant voir la vérité de l'opinion de l'Eglise et la fausseté des autres.

La regle que nous prendrons pour cet effet sera la tradition successive de cette doctrine depuis J.-C. jusqu'à nous. Nous montrerons que nous l'avons apprise de nos Pères, eux de ceux qui les ont précédés, ceux là des autres, ceux des anciens Pères qui l'ont tenue des apotres qui l'ont recue immédiatement de J.-C. meme qui est la verité.

Ainsi nous nous fondrons sur la pierre inebranlable de l'Evangile et des S. Ecritures : mais nous ne l'expliquerons pas suivant notre esprit propre, mais suivant celui des anciens Pères, des Papes, des Conciles, des prières de l'Eglise.

Voilà la règle que nous tiendrons, et qui est propre à l'Eglise catholique, à l'exclusion des heretiques qui s'appuient à la verité sur les Ecritures, mais dont ils detournent le sens par leurs explications particulières, comme ils font aujourdhuy sur le sujet de la realité du corps de Jesus-Christ en l'Eucharistie, par le refus qu'ils font d'aquiescer à la tradition des Pères et des Conciles.

Ensuite nous ferons voir la Nouveauté des opinions de Molina et de Calvin reconnues par eux mêmes, afin que la comparaison de l'Antiquité de l'opinion de l'Eglise avec la nouveauté des autres donne le sentiment qu'on doit avoir des uns et des autres, et que le respect de cette foule des saints defenseurs de l'Eglise... dans l'esprit des fidelles la créance... qui etaient uniques dans leurs sentimens lorsqu'ils les ont produits.

Et quoi qu'il ne soit pas nécessaire d'alleguer d'autres preuves de la vérité et de la fausseté de ces opinions, nous ne laisserons pas de répondre aux passages de l'Ecriture que les uns et les autres errants expliquent suivant leur sens, et qui semblent les favoriser.

Et quoique le sens commun ne doive pas entrer en concurrence avec une matière de foi, nous ne laisserons pas de repondre aux objections des uns et des autres. Et enfin nous ferons voir combien cette doctrine est conforme au sens commun même.

La question ppalle dont il s'agit est de savoir si Dieu a une volonté generalle de sauver tous les hommes, et s'il n'y en a point que Dieu ne veuille pas sauver. f⁰ 18 Ou, ce qui est la meme chose. Si Dieu donne des

graces suffisantes à tous les hommes pour leur salut :
ou s'il n'y en a pas à qui Dieu refuse ses graces, ou
ce qui est la même chose, si la predestination est un
effet absolu de la volonté absoluë de Dieu qui veut
sauver l'un et non pas l'autre......................
...............................................................

C'est pourquoi il faut faire voir par la suite de la
tradition que tous les Docteurs en tous les tems ont
établi comme une verité constante que Dieu ne veut
pas sauver tous les hommes ou que Dieu ne donne
pas à tous les hommes des graces suffisantes pour leur
salut, ou que la prédestination est sans la prévision
des œuvres.

Premièrement nous avons ce grand nombre de
savans et illustres defenseurs de la doctrine de S. Augustin dont ce siècle est honoré par un don particulier de Dieu à son Eglise. Et qui sont ceux qui def-
fendent aujourdhuy cette proposition contre les
Molinistes qui la veulent abolir.

Ceux cy ont été précédés par un grand nombre
d'autres entre lesquels un des ppaux est florent Con-
rius Archevêque d'Hibernie qui l'a soutenuë et de-
duite au long dans son livre imprimé depuis peu,
intitulé Peregrinus Hiericontinus.

Environ ce même tems l'ordre des Premontrés entier resolut par un Chapitre Provincial approuvé par
le général.

*Que dans la matière de la grace tous suivraient les
sentimens de S. Augustin,* lequel sans doute est celui
cy comme il paraitra. Peu auparavant les deux cé-
lèbres facultés de Louvain et de Douai censurèrent
les nouvelles opinions des Molinistes que les Jesuites
de leur tems soutenoient.

Voici une des propositions censurées.

« *Depuis le premier péché original, Dieu a eu la volonté*
« *de donner à Adam et à toute sa posterité des moiens*
fo 19 « *suffisans contre les péchés et des secours pour acquerir*
« *la vie eternelle.* » Laquelle la faculté de Douai a
censuré en ces termes :

« *Les termes de cette assertion repugnent aux SS.*
« *Ecritures et aux Pères, et même paroissent détruire la*
« *propre et véritable grace de J.-C. laquelle suivant*
« *S. Augustin n'est pas commune aux bons et aux mé-*
« *chans, mais discerne les bons d'avec les mechans.* »

Et ensuite elle ajoute : « *J.-C. n'a pas prié pour tous*
« *et tous ne sont pas donnés à J.-C. par le Père car il est*
« *dit* je ne prie point pour le monde ; mais pour ceux
« que vous m'avez donnés. *Donc tous n'ont pas un*
« *secours suffisant pour acquérir leur salut de la part de*
« *Dieu, puisqu'autrement ils pourroient aquérir leur*
« *salut sans que J.-C. priât pour eux et sans que le Père*
« *les eut donnés à J.-C. ce que nul Catholique ne peut*
« *dire.* »

Ces savans Theologiens tiennent donc que Dieu ne
donne pas à tous les hmomes des secours suffisans
pour aquerir leur salut, donc suivant eux Dieu ne
veut pas sauver tous les hommes, puisqu'il ne leur
donne pas seulement de secours suffisans pour leur
salut ; et c'est ce que nous voulions montrer.

Autre proposition des Jésuites de ce tems là :
« *toute l'ecriture est pleines de préceptes et d'exhorta-*
« *tions afin que les pecheurs se convertissent à Dieu; or*
« *Dieu ne commande pas des choses impossibles, donc il*
« *leur donne des secours suffisans pour se pouvoir con-*
« *vertir.* »

Voici de quelle manière ces très savans Théologiens censurèrent cette proposition :

fº 20 « *Cette conséquence est ridicule ; car celui, la même* « *qui nous commande de faire nous commande aussi de* « *demander ce que nous ne pouvons faire. C'est à dire* « *ce que nous n'avons pas un moien suffisant d'accomplir :* « *et c'est pourquoi S. Augustin dit,* Dieu nous com- « mande des choses impossibles, afin que nous con- « noissions ce que nous lui devons demander. *Que si* « *quelques uns de ceux qui le demandent ne le peuvent* « *pas ; combien moins le pourront ceux qui ne le deman-* « *dent pas et moins ceux qui ne veulent pas le demander,* « *moins encore ceux qui ne reconnoissent pas seulement* « *celui à qui ils doivent le demander.*

« *Que s'il est vrai qu'il est present à tous et meme* « *avant qu'on le demande...*

« *Il faut retrancher la plus grande partie de l'oraison* « *dominicale, et des prières de l'Eglise car comme dit* « *S. Augustin* : qu'y a-t'il de plus ridicule que de de- « mander que de prier pour accomplir ce qui est en « notre puissance. »

Il paroit en cette censure combien ces grands Doc- teurs : Que Dieu ne donne pas à tous ses graces, et partant que Dieu ne veut pas sauver tous les hommes sans exception, puisqu'on ne peut etre sauvé sans grace.

Voici une autre proposition des memes Jésuites :

« *Dieu a voulu donner J.-C. pour la redemtpion de* « *tous sans en excepter un seul, donc il a voulu donner à* « *tous des secours suffisans par J.-C. car J.-C. n'est* « *redempteur de tous qu'en tant qu'il leur donne des se-* « *cours suffisans pour se relever de leurs péchés ; puisque* « *si ces secours suffisans ne leur etoient pas donnés, il ne*

« *seroit pas leur vrai redempteur puisqu'il ne le seroit* « *ni quant à la suffisance ni quant à l'efficace.* »

Et voici la censure de cette illustre faculté :

f° 21 « *La suffisance que demande la rédemption géneralle* « *de J.-C. consiste dans le prix de son sang ; mais non* « *pas dans un secours qui soit donné à tous, comme le* « *prétend cette proposition puisqu'autrement il faudroit* « *aussi attribuer le secours aux enfans auxquels on ne* « *peut pas subvenir par le baptème ou pour le moins il* « *faudroit dire que J.-C. ne s'est pas donné en redemption* « *pour eux, et ainsi il ne s'est pas donné en redemption* « *pour tous.* »

Il paroit bien manifeste par cette proposition que J.-C. n'est pas donné en redemption pour tous, Dieu ne veut pas que tous les hommes soient sauvés suivant ces Theologiens.

Autre proposition des mêmes Jesuites molinistes :

« *Les endurcis et les aveuglés ont un secours suffisant* « *de la part de Dieu pour se convertir.* Et ensuite plus « bas : *Tous les infidelles ont un secours suffisant de la* « *part de Dieu toujours et en tous lieux.* »

Voila les maximes de ceux qui pretendent que Dieu aeut sauver tous les hommes, et voici les Censures fvites par cette même faculté :

« *Toute cette proposition doit être rejettée comme* « *faisant une grande injure au bienfait de la grace sin-* « *gulière de J.-C. laquelle n'est pas donnée à tous et qui* « *néanmoins est necessaire à tous pour se convertir et* « *pour se sauver.* »

Il paroit donc que, puisque cette grace de J.-C. necessaire pour le salut n'est pas donnée à tous, Dieu ne veut pas sauver ceux à qui ils la refusent suivant ces Théologiens.

Toutes ces censures confirmées par la même faculté furent envoiées au Pape en 1591. Sur quelque bruit qu'on fit courir qu'elle avoit changé d'avis et enfin en 1613 elle confirma de nouveau sa censure par l'avis unanime de tous ses docteurs, et dans cet acte elle déclare :

22 « *D'autant que le bruit s'est répandu en Italie et en* « *Espagne et ailleurs que la faculté de Louvain a changé* « *d'opinion en la matière de la grace, et qu'elle s'est* « *retractée de son ancienne censure qu'elle avoit ci de-* « *vant envoiée au Pape, et qu'elle l'avoit fait par la* « *force des Arguments de Lessins tant de vive voix que* « *par un livre imprimé, la faculté voulant s'opposer au* « *progrès de ce faux bruit, et faire savoir la verité à tous* « *ceux qui voudroient s'en informer, étant assemblée et* « *le serment prêté dans le petit chapitre de S. Pierre le* « *13 juillet après vepres l'an 1613, nul des docteurs ne* « *contredisant, la faculté entière a déclaré et attesté* « *uniformément qu'elle a de tout temps tenu et tient encore* « *de présent, qu'elle a toujours persisté et persiste encore* « *à présent en ses anciens sentimens lesquels elle a tenus* « *et déclarés dans cette censure et que jamais elle ne s'en* « *eloignera avec l'aide de Dieu. Si ce n'est qu'il soit* « *autrement décidé et ordonné de croire autrement par* « *le Pape et la S. Eglise Romaine à la censure et correc-* « *tion de laquelle elle soumet humblement tout ce qui est* « *contenu en la dite Censure, et tout ce qu'elle a dit* « *d'ailleurs, comme aussi tout ce qu'elle dira à l'avenir.* « *Elle déclare outre que tant s'en faut que les arguments* « *de Lessins l'aient retirée de ses opinions, qu'au contraire* « *comme elle a irreprouvé autrefois plusieurs choses qu'il* « *avait dites, de meme elle improuve maintenant ses* « *livres et ce qu'il a imprimé sur cette matière. Et la*

« *faculté a permis et voulu que la copie de cet acte fut*
« *donné à toute personne qui la demanderoit et envoiée*
« *de toutes parts.* »

Il paroit trop manifestement que ces deux facultés
de Louvain et de Douai ont été dans le sentiment que
Dieu ne donne pas ses graces à tous les hommes et
que c'est la même chose de dire qu'il ne veut pas que
tous les hommes soient sauvés.

Voyons ce qu'en dit la faculté de Paris au bout du
Maitre des Sentences et dans la bibliothèque des
f° 23 Pères. Ces deux Propositions sont condamnées.

« *Que Dieu a prédestiné quelques uns de toute eternité*
« *accause de quelques bonnes œuvres qu'ils devaient*
« *faire.* »

Et celle cy :

« *Que Dieu n'a pas prédestiné si gratuitement celui*
« *qu'il a prédestiné que ce ne soit en considération ou*
« *des bonnes œuvres qu'il devoit faire ou de celles d'un*
« *autre.* »

Il paroit donc qu'en ce tems là la faculté de Paris
tenoit la prédestination avant la prévision du merite
des homes et partant puisqu'elle ne procédoit pas des
volontés des homes, elle procédoit de la volonté simple
de Dieu.

« *S. Thomas 1 p. q. 23. a 1. ad 3. Que Dieu choisit*
« *les uns et reprouve les autres sans qu'on puisse trouver*
« *d'autres causes de ces differences que sa seule volonté.*

« *2. 2. q. 2. a 1. ad 1. Que Dieu en punition du péché*
« *actuel ou originel refuse par sa justice des graces sans*
« *lesquelles on ne peut faire les choses auxquelles on est*
« *obligé comme d'aimer Dieu et de croire les articles de*
« *foi.*

« *1. 2. q. 106. a. 3. in C. Que la loi nouvelle qui est*

« *la loi de grace n'a été donnée que fort tard afin que*
« *l'homme fut abandonné à lui-même dans la vieille loi*
« *et que tombant par lui même il reconnut le besoin qu'il*
« *avoit de la grace.*

« *Que tous les hommes ont merité une punition du pre-*
« *mier péché d'etre privés du secours de la grace, et*
« *qu'ainsi Dieu fait justice quand il ne la donne pas et*
« *miséricorde quand il la donne.*

« *Ibid. A 3. Que Dieu pourvoit suffisamment aux hom-*
« *mes pour ce qui regarde la vie corporelle, parce que la*
« *Nature n'est point détruite par le péché ; mais qu'il*
« *n'agit pas de même pour ce qui regarde la vie de la*
« *grace et la vie spirituelle parceque la grace a été dé-*
« *truite par le péché.*

« *3. p. q. 22. A. 9. ad 8. J.-C. n'a fait aucune prière*
« *qui n'ait été exaucée, et qu'ainsi il n'a point prié son*
**24** « *Père de donner la vie eternelle à tous ceux qui l'ont*
« *crucifié, ni à tous ceux qui croiront en lui, mais aux*
« *seuls Prédestinés.* »

Donc suivant S. Thomas cette opinion que la grace
suffisante n'est pas donnée à tous les hommes n'est
pas hérétique, mais au contraire très catholique, contre
les Molinistes.

Mais cette volonté de Dieu de n'en pas sauver quelqu'un prend sa force et son origine du péché originel,
contre les Calvinistes.

Pierre Lombard ; voions ce qu'en a pensé Pierre
Lombard Eveque de Paris et maitre des sentences.

*Lib. Sent. dist* 41. *S.* 4 *b. Il rejette comme une opinion*
*très fausse le sentiment de ceux qui disent que Dieu veut*
*que tous les hommes generalement soient sauvés sans en*
*excepter un seul ; et il ne reconnoit point que Dieu ait*
*cette volonté envers d'autres, qu'envers ceux qui sont*

*sauvés en effet. Et ailleurs que la predestination ne edpend que de la volonté de Dieu. Qu'il a élu ceux qu'il a voulu par une miséricorde toute gratuite.*

*Ibid. comme le don de la grace est un effet de la prédestination ; aussi en quelque sorte l'endurcissement est un effet de la réprobation éternelle : mais Dieu n'endurcit pas comme dit S. Augustin à Sixte en departissan la malice, mais en ne departissant pas la grace, et il est dit qu'il les endurcit, non pas qu'il les pousse à pécher, mais qu'il n'en prend pas pitié, et il ne prend pas pitié de ceux auxquels il a jugé de ne donner point sa grace par une justice très occulte et très éloignée du sens humain laquelle l'Apotre ne nous... pas ; mais qu'il a admiré quand il s'écrie O Altitudo etc.*

f⁰ 25    Je crois que les plus aveugles voient manifestement que Dieu a prédestiné sans prévision de mérites et réprouvé quelques autres, auxquels il ne donne pas sa grace, suivant le Maitre des sentences et de l'Ecole.

# DISCOURS
## SUR LA POSSIBILITÉ
## DES COMMANDEMENTS

■

### Manuscrits

MS. de l'abbé Perier f$^{os}$ 26 à 41.
MS. BN. f. fr 12449 f$^{os}$ 627 à 640.
1$^{er}$ Recueil MS Guerrier f$^{o}$ 29.
MS.Clemencet B. Mazarine 4534.
MS Clemencet B. du protestantisme français 101 A.

### Imprimés

Bossut. Dissertation...s pp. 465 à 485 (1779).
E. Jovy. Pascal inédit t. I, p. 51 (1908).
Edition des Grands Ecrivains t. XI p. 262 (1914).
E. Jovy. La vie inédite de Pascal, p. 51 (1933).

*⋆*

f$^{o}$ 26    L'objet de ce discours est de montrer quel est le
veritable sens des S.S. Pères (1) du Concile de Trente
dans ces paroles :
*Les commandemens ne sont pas impossibles aux Justes.*
Lequel de ces deux est le véritable :
Le 1$^{er}$ qu'il n'est pas impossible que les justes accom-
plissent ces (2) commandemens.

VARIANTES DU MS 12449
(*Ed. des Grands Ecrivains*, T. XI, pp. 262 à 284)

(1) SS. Peres et du
(2) les.

Le 2e que les commandemens sont toujours possibles à tous les justes de ce plein et dernier pouvoir auquel il ne manque rien de la part de Dieu pour agir.

Les moiens que nous emploierons pour reconnoitre lequel de ces deux est le veritable sens seront ceux cy.

1. Le premier sera d'examiner par les termes de la proposition quel est le sens qu'elle exprime et que l'on forme naturellement.

2. Le second d'examiner par l'objet qu'ont eu les Pêres et le Concile en faisant cette décision lesquel de ces deux sens ils y ont eu.

3. et le troisième sera d'examiner par la suite du discours et par les autres passages des Peres et du Concile qui l'expliquent, lequel est le veritable.

Et j'espère que si l'on voit ici que les termes de cette proposition n'expriment et ne forment que le premier sens seulement :

Que l'objet des Peres et du Concile n'a été que d'etablir ce seul premier sens :

Que la suite de leur discours et une infinité d'autres passages les expliquent en le meme sens :

Que les preuves qu'ils en donnent ne concluent que pour ce seul sens :

Que la conclusoin qu'ils tirent de leurs preuves n'enferme que ce seul sens en d'autres termes tres univoques :

Qu'ils n'aient jamais etabli (3) le second sens en aucun lieu de leurs ouvrages :

f° 27   Et qu'ils aient non seulement établi (4) le premier sens, mais nié formellement le second sens :

---

(3) établi formellement le second sens en aucuns lieux de.
(4) établi formellement le premier sens, mais ruiné.

Je doute qu'après tant de preuves on puisse douter
qu'ils n'aient eu que le premier sens seulement.

Nous diviserons donc ce discours en... sections
dans la premiere.

### PREMIER MOIEN

D'examiner le sens par les simples termes.

Que les termes de cette proposition n'enferment
que le premier sens.

Il n'est pas necessaire d'employer un long discours
pour montrer que les termes de cette proposition :
*Que les commandemens ne sont pas impossibles aux
Justes,*
n'enferment (5) que le sens :

Qu'il n'est pas impossible que les Justes observent
les commandemens ; et qu'elles n'ont pas (6) celui
cy :

Que tous les justes ont toujours le plein et entier
pouvoir auquel il ne manque rien de la part de Dieu
pour accomplir les precetes.

La simple intelligence de la langue le témoigne et
il n'y a point de règles de grammaire par lesquelles
on puisse prétendre que dire qu'une chose n'est pas
impossible, soit dire, qu'elle est toujours possible
du plein et dernier pouvoir ; puisqu'il suffit qu'elle
soit possible quelques fois pour faire qu'elle ne soit
pas impossible, sans qu'il soit necessaire qu'elle le
soit toujours.

(5) simplement que.
(6) pas.

Et s'il est besoin d'éclaircir une chose si claire par des exemples :

N'est il pas véritable qu'il n'est pas impossible aux homes de faire la guerre ? Et cependant il n'est pas toujours au pouvoir de tous les hommes de la faire.

Il n'est pas impossible qu'un Prince du sang ne soit roi, et cependant il n'est pas toujours au plein pouvoir des Princes du sang de l'être.

f° 28    Il n'est pas impossible aux homes de vivre soixante ans et cependant il n'est pas au plein pouvoir de tous les homes d'arriver à cet age, ni de s'assurer seulement d'un seul instant de vie.

Enfin pour demeurer dans les termes de notre sujet les commandemens ne sont pas impossibles aux homes et cependant ce seroit une erreur pélagienne de dire que tous les homes qui ont comblé la mesure de leurs crimes aient toujours le plein et dernier pouvoir de les accomplir.

Et c'est assez qu'il est visible que *les commandemens ne sont pas impossibles aux Justes* sans qu'il soit nécessaire que tous les Justes aient toujours le plein pouvoir de les accomplir.

Que ceux qui entendent cette décision de la sorte, pensent à l'importance des mots de toujours, que leur interpretation suppose ; et je souhaite que ceux qui ne craignent pas de raporter ce passage en y joignant le terme de toujours, se souviennent de la malédiction qui menace ceux qui ajoutent aux paroles du S. Esprit ; et que ceux qui raportent (7) plus fidellement ces paroles ne laissent pas d'y en ajouter le sens, aient dans la pensée que Dieu ne punit pas seulement ceux

_____

(7) qui rapportant plus fidellement ces termes.

qui font ces choses, mais aussi ceux qui y donnent leur consentement.

## SECOND MOIEN
D'examiner le sens de ces paroles par l'Objet etc...

Si l'on montre que les Peres du Concile aient a refuter cette erreur ; Que les commandemens sont impossibles aux homes en ce sens que cette impossibilité soit absolue et invincible y ont simplement opposé ces paroles : *les commandemens ne sont pas impossibles aux homes*, il sera vrai sans doute qu'on ne pourra pas (8) prétendre qu'ils aient par là fait autre chose que nier ce qui était affirmé, et dans le même sens précisément, c'est à dire qu'ils ont établi qu'il n'est pas impossible qu'on observe les préceptes, et qu'il sera ridicule de dire que cette décision enferme un pouvoir continuel et accompli pour les observer actuellement.

Car n'est il pas visible que si quelqu'un par exemple dit qu'il est impossible que l'on vive cinquante ans sans maladie, celui qui dira (9) au contraire qu'il n'est pas impossible que l'on vive cinquante ans sans maladie, n'a fait autre chose que (10) nier ce qui étoit affirmé et dans le meme sens, c. a. d. que de nier cette impossibilité absoluë, sans neanmoins établir par là un pouvoir continuel et entier de vivre tout cet age sans indisposition.

Cela étant posé générallement il n'est plus ques-

(8) ne pourra pretendre.
(9) dira simplement.
(10) que de nier.

tion sur ce sujet particulier que de faire voir que les Pères et le Concile (11) ont eu cette erreur à combattre que les commandemens sont impossibles aux justes d'une impossibilité invincible pour faire entendre à tout le monde que la proposition contraire qu'ils ont établie n'a autre sens que celui cy qu'il n'est pas impossible que les hommes observent (12) les commandemens.

Je ne m'arréterai pas à montrer que le concile de trente avoit des hérétiques à réfuter qui fussent dans cette erreur puisqu'on sait que c'est celle de Luther. Ces hérétiques étant encore vivans, on ne peut en avoir aucun doute ; Aussi on ne conteste plus que le sens de cette décision (13) ne soit opposé à celui de Luther et qu'il ne nie l'impossibilité d'observer les préceptes au sens de cet hérésiarque c. a. d. au premier sens.

Mais on prétend qu'on ne peut dire la même chose de cette même décision qui se trouve dans les Pères, parce qu'on dit qu'ils n'avoient point d'hérétiques qui fussent dans ce sentiment, et qu'ainsi ayant parlé avant la naissance de cette erreur leur expression ne f° 30 peut être restrainte à ce sens par aucune circonstance, de sorte qu'elle doit etre prise generallement et entendue au second sens c. a. d. à celui ci que les Justes ont toujours le pouvoir entier d'accomplir les commandemens.

Voila de quelle sorte on entreprend d'expliquer le sens des S.S. Peres et l'on fait un si grand état de ce

(11) et les Conciles.
(12) n'observent.
(13) Decision du Concile.

raisonnement qu'il importe extrèmement de le ruiner pour renverser par là le seul fondement de cette interprétation.

Ce discours suppose trois choses :

La première que les Pères n'avoient pas en teste des hérétiques qui soutinssent l'impossibilité invincible de ces préceptes.

La seconde que n'aiant point d'hérétiques qui soutinssent cette erreur ils n'ont pu avoir aucun autre sujet de s'y opposer.

La troisième que n'aiant aucun sujet de la ruiner ils n'ont pu l'entreprendre, puisqu'ils auroient combattu des chimeres en refutant des erreurs que personne ne soutenoit.

Et c'est à quoi il faut repartir et renverser ces 3 fondemens par trois réponses particulieres.

La première. Qu'encore que personne ne parlât de cette erreur les Peres n'auraient pas laissé de la condamner si l'occasion s'en fut offerte, sans qu'on puisse dire pour cela qu'ils eussent combattu des chimeres.

La seconde. Qu'encore qu'il n'y eut pas d'hérétiques qui la soutinssent, ils auroient pu avoir d'autres raisons de s'y opposer, puisqu'il auroit pu arriver qu'on la leur auroit imputée à eux mêmes et qu'on les auroit mis par cette calomnie dans la necessité de la refuter pour s'en defendre ; ce qui est en effet si veritable qu'il ne faut avoir aucune connoissance de l'histoire de l'heresie Pelagienne et des Ecrits des SS. P. P sur ce sujet pour douter des reproches continuels que ces heretiques leur faisoient d'etre dans cette erreur.

La troisième que les Peres avoient en tête des hérétiques savoir les Manichéens, qui soutenoient cette f° 31 erreur comme un dogme capital de leur doctrine, que Luther n'a pas inventé, mais renouvellé, que les commandemens sont impossibles absolument, que les homes n'ont pas (14) de libre arbitre, et qu'ils sont nécessités à pécher et dans une impuissance invincible de ne pas pécher.

De sorte que ces 3 preuves ensemble font (15) connoitre que les PP. ont été obligés a etablir cette proposition, que les commandemens ne sont pas impossibles, en ce sens qu'il n'est pas impossible qu'on ne les observe, non seulement par autant de considérations que le Concile puisqu'ils avoient de pareils hérétiques à convaincre et de plus des reproches si outrageux à repousser.

### PREUVES DU Pʳ POINT

Parceque l'Eglise condamne souvent des erreurs qui ne sont soutenues par aucun hérétique, sans qu'on doive dire pour cela qu'elle combatte des Chimeres ; et qu'ainsi les PP auroient bien pu établir que les preceptes ne sont pas impossibles, en ce sens qu'il n'est pas impossible qu'on les observe encore qu'il n'y eut pas (16) d'héresies du sentiment contraire.

Je ne sai par quel vain raisonnement on peut prétendre que l'Eglise ne puisse prevenir les maux, en retranchant la racine des heresies avant leur naissance, sans l'exposer à cette raillerie qu'elle combatte des chimères.

Ne suffit il pas qu'une erreur soit véritable pour etre

(14) point.
(15) feront.
(16) point.

un digne objet de son zele et pourquoi faut il qu'elle soit obligée d'attendre à la condamner qu'elle se soit glissée dans le cœur de ses enfans.

Bannira t'on de sa conduite toute sage et toute prudente la prevoiance qui est une partie si essentielle et la plus utile de la prudence ; et par quel etrange renversement cette vigilance si salutaire, qui est louable aux particuliers, aux familles, aux Etats et à toute sorte de gouvernement quoiqu'ils soient sujets à périr deviendra t'elle ridicule à l'Eglise dont les soins doivent etre tout autrement étendus par l'assurance qu'elle a de son eternelle durée.

32     Mais ce que je combats est veritablement une chimère ; Il n'y a rien de plus vain que ce raisonnement. L'Eglise regarde les Enfans qui lui sont promis dans tous les siècles, comme s'ils etoient présents, et les unissant tous dans son sein, elle recherche dans l'imitation de ceux qui sont passés les regles de la conduite de ceux qui sont à venir, et leur prepare les moiens de leur salut avec autant d'amour qu'à ceux qu'elle nourrit présentement par une prevoiance qui n'a non plus de bornes que la charité qu'elle leur porte.

Ainsi elle n'a pas seulement un soin particulier de s'oposer aux erreurs présentes, ni de prévenir celles qui n'ont jamais paru, quand l'occasion s'en est offerte, mais encore de condamner les erreurs déjà étouffées pour les empêcher de naitre de nouveau.

Les Conciles en fournissent les exemples de toutes les sortes. On voit que celui de Trente condamne cette opinion : que les Justes aient le pouvoir de persévérer sans la grace quoique les Lutheriens qui etoient les seuls ennemis vivans qu'elle (17) attaquoit fussent

(17) qu'il.

bien éloignés d'etre dans ce sentiment qui est purement pélagien ; Et cependant on ressent aujourd'hui l'effet d'une décision si peu nécessaire alors en apparence et si utile maintenant en effet.

C'est ainsi que le Concile d'Orange condamne ceux qui oseroient dire que Dieu predestine les homes aux mauvaises actions, quoiqu'il témoigne par ses paroles qu'il ne sait pas que jamais cette erreur ait été avancée.

*(il y a dans l'original un espace vuide.)*

Et c'est ainsi que le Concile de Valence confirme la même condamnation sans supposer de même qu'elle soit soutenue par qui que ce soit mais pour empêcher seulement que ce mal n'arrive.

*(il y a encore ici un espace vuide.)*

f⁰ 33    C'est ainsi (18) que les SS. PP. imitant une prudence si necessaire ont réfuté dans leurs ecrits les erreurs qui n'etoient pas encore. Et comment pourroit on autrement s'y opposer lorsqu'elles commencent à paroitre ?

C'est ainsi que les SS. PP. qui ont combattu Nestorius publient avec une sainte joie que S. Augustin l'a etouffée avant sa naissance, admirant la Providence particuliere de Dieu sur son Eglise de l'avoir si saintement armée des Ecrits de ce S. Docteur avant que le Demon eut armé cet hérésiarque des erreurs dont il la devoit combattre.

(18) c'est par un semblabel zele que.

S. Prosper. Il seroit inutile d'en rapporter plus d'exemples. On voit assez de là qu'on ne peut pas conclure de ce qu'une hérésie n'auroit point eu encore de sectateurs qu'il seroit faux que les PP. s'y fussent opposés. D'où l'on peut tirer la conséquence sur le sujet dont il s'agit dans (19) ce discours.

## SECOND POINT (20)

Que les SS. PP qui ont etabli que les commandemens ne sont pas impossibles auroient été obligés à s'etablir en ce sens ; qu'il n'est pas impossible que les hommes ne les observent quand même il n'y auroit point eu d'heresie du sentiment contraire, par cette seule raison que les Pelagiens leur reprochoient continuellement de la tenir, de nier le libre arbitre et de soutenir que les commandemens sont impossibles absolument et que les homes sont dans une nécessité inevitable de pécher.

On ne peut revoquer en doute que s'il est veritable que les Pelagiens imposassent continuellement aux Catholiques qu'ils nioient le libre arbitre et qu'ils tenoient l'impossibilité absoluë des preceptes de telle sorte qu'il y eut une necessité inévitable qui forçât les homes a pecher, ces seuls reproches ne fussent une raison (21) pour obliger ces S.S. Docteurs à refuter ces erreurs, quand même elles n'auroient point été soutenües par aucuns hérétiques, puisqu'il leur eut été nécessaire de declarer qu'il n'est pas impossible

(19) en
(20) Preuves du second point.
(21) raison suffisante pour.

que les homes n'observent (22) les préceptes, pour
fermer la bouche à ceux qui osoient leur imposer
si injustement une créance opposée.

Et ainsi il suffira de montrer que ces hérétiques fati-
fᵒ 34 guoient continuellement les PP. de ces reproches pour
montrer l'obligation qu'ils avoient de s'en deffendre,
ce qui est fort facile.

Les Ecrits des SS. PP. défenseurs de la grace sont
remplis de passages qui le temoignent. On y voit en
toutes ces pages avec quels termes outrageux ces hérétiques objectoient aux Catholiques de nier le libre
arbitre et de soutenir l'impossibilité invincible des
commandemens.

*Ces Manichéens,* dit Julien (23), *avec lesquels nous
n'avons plus de communication, je veux dire tous ceux là
auxquels nous ne voulons pas accorder que le libre arbitre
est péri par le péché du premier homme, et que personne
n'a maintenant la puissance de vivre vertueusement, mais
que tous les homes sont forcés à pecher par la necessité
avec laquelle la chair les y contraint.*

*Ne falloit-il pas que S. Augustin se défendit contre ce
reproche et qu'il répondit nécessairement : qu'il tient
qu'il n'est pas impossible que les homes vivent vertueusement, et qu'ils ne sont pas dans une necessité inévitable
de pécher.*

Ainsi Julien (24) ailleurs.

*C'est contre cette doctrine que nous sommes tous les
jours occupés à nous défendre, et la raison pour laquelle*

(22) les hommes observent.
(23) (dit Julian, en parlant des deffenseurs de la grace.)
(24) Julian disant.

*nous resistons à ces prevaricateurs est que nous disons
que le libre arbitre est naturellement dans tous les hommes,
et qu'il n'a pas pu périr par le péché d'Adam,* ce qui est
confirmé par toutes les Ecritures (25).

Ne falloit il pas que S. Augustin déclarât qu'il ne nie
pas le libre arbitre, contre ces objections et celles (26) de
Pelage ?

*Nous soutenons que cette puissance de libre arbitre
est dans tous les homes generallement soit chrétiens, soit
juifs, soit paiens. Le libre arbitre est egalement dans
tous les hommes par la nature* (par ces paroles il vouloit
se distinguer des (27) catholiques auxquels Il imposoit
qu'ils le nioient) *mais dans les seuls chretiens il est secouru par la grace* (et par ces dernières paroles il vouloit paroitre n'etre pas distingué des catholiques).

Et Julien : *Tous les catholiques* (28) *le reconnoissent*
35 (le libre arbitre) *au lieu que vous* (en parlant de S. Augustin) *le niez.*

Et ailleurs : *Ceux qui ont craint d'être appelés Pélagiens se sont précipités dans la Manicheisme et de peur
d'être hérétiques de nom, ils sont devenus manichéens en
effet et pensent eviter une fausse infamie, ils sont tombés
dans un véritable crime.*

Et Pelage s'opposent à deux hérétiques contraires
pour montrer qu'il tient un milieu que la vérité rem-
plit ordinairement : *Nous reconnoissons le libre*

(25) les Saintes Ecritures.
(26) et contre celle cy de Pelage :
(27) d'avec les.
(28) catholiques disait-il encore,

*arbitre*, dit-il, *de telle sorte néanmoins qu'il a toujours besoin de la grace, de sorte que ceux la errent egalement qui disent avec Manichoeus que l'homme ne peut eviter le péché, et ceux qui assurent avec Jonivian que l'home ne peut le comettre, car les uns et les autres otent la liberté. Au lieu que nous soutenons que l'home a toujours le pouvoir de pécher et de ne pas pécher, afin de reconnoitre sincèrement qu'il n'est pas privé du libre arbitre.*

Ainsi S. Augustin se plaignant de cette erreur qu'on lui impose :

*Qui est celui d'entre nous qui ait jamais dit que le libre arbitre soit péri dans les hommes par la chute du premier home. Il est bien vrai que la liberté est périe par le péché ; mais c'est celle qui regnoit dans le Paradis terrestre.*

Et S. Prosper : *C'est errer que de dire que le libre arbitre n'est rien, ou qu'il n'est point.*

Et S. Augustin pour montrer qu'il ne nie pas la liberté quand il soutient la grace :

*C'est*, dit-il, *une impertinence insupportable à nos ennemis de dire que par cette grace que nous defendrons on ne laisse rien à la liberté de la volonté.*

Et ailleurs : *Car le libre arbitre n'est point oté parce qu'il est secouru ; mais au contraire il est secouru parce qu'il n'est point* (29) *oté.*

Et dans le livre de l'Esprit et de la lettre C. 24 (30).

f⁰ 36   *Est ce que nous ruinons le libre arbitre par la grace ? qu'ainsi ne soit, mais au contraire nous l'etablissons par là. Car le libre arbitre n'est pas anéanti, mais établi par la grace, de meme que la loi par la foi.*

(29) pas.
(30) c. 29.

Et S. Prosper sur le meme sujet dans (31) l'Epitre à Demetriade : *faudroit il craindre qu'il ne semble que nous otions (32) le libre arbitre, quand nous disons que toutes les choses par lesquelles on se rend (33) Dieu favorable lui doivent être attribuées.*

Et raportant les Paroles des Pelagiens par lesquelles ils se vouloient distinguer, d'avec lui :

*Les Pelagiens*, dit S. Augustin, *pensent savoir quelque chose de bien important, quand ils disent que Dieu ne commanderoit pas les choses qu'il sauroit que les homes ne pourroient observer. Qui ne le sait ?*

Et ailleurs : *Ils pensent nous opposer une chose bien pressante quand ils disent que nous ne péchons pas si nous ne le voulons, et que Dieu ne commanderoit pas ce qui seroit impossible à la volonté de l'homme, comme s'il y avoit quelqu'un parmi nous qui l'ignorât.*

Et S. Jerome a eu de même à se défendre des mêmes argumens des memes hérétiques :

*Vous nous objectez que Dieu a commandé des choses possibles et qui le nie ?*

*Vous avez accoutumé de nous dire ou les commandemens sont possibles et alors il est juste qu'ils soient donnés, ou, impossibles, et alors l'infraction n'en doit point etre imputée comme un péché à ceux qui les ont recus, mais à Dieu qui les a donnés.*

Et S. Augustin : *Cela n'est pas veritable, cela n'est point. Vous vous trompez grossièrement vous memes, ou vous essaiés de surprendre et de tromper les autres, nous ne nions point le libre arbitre.*

(31) en.
(32) ostons.
(33) on se rend favorable.

Il seroit inutile de rapporter plus de preuves d'une verité si claire, que les defenseurs de la grace etoient sans cesse attaqués de ces reproches ; qu'ils nioient le libre arbitre et qu'ils soutenoient que les commandemens sont impossibles absolument et que les hommes sont dans une nécessité invincible de pécher, ce qui est l'erreur des Luthériens.

f° 37

Après quoi il n'y a rien de plus evident que l'obligation qu'ils avaient de refuter cette erreur aussi bien que les Peres du Concile ; puisqu'encore qu'ils n'eussent pas d'hérétiques qui les soutinssent ils en avoient qui les leur imputoient avec tant d'assurance.

Mais afin de confirmer invinciblement la nécessité qu'ils avoient de le faire, il faut ajouter qu'ils avoient en effet des hérétiques dont ces erreurs etoient les capitalles ce qui acheve l'obligation qu'ils avoient de condamner ces opinions. C'est le sujet du 3e point.

### PREUVE DU TROISIEME POINT

Que les PP. qui ont établi que les commandemens ne sont pas impossibles, etoient obligés à se declarer en ce sens qu'il n'est pas impossible que l'on ne garde les commandemens, accause ses Manichéens qu'ils avoient à combattre qui soutenoient une impossibilité absoluë et une nécessité inevitable qui forçoit les hommes à pécher.

On ne peut contester que les S.S. PP. qui ont établi que les commandemens ne sont pas impossibles aux hommes, n'aient été obligés à le faire en ce sens qu'il n'est pas impossible qu'on (34) ne les observe, au cas

(34) qu'on les.

qu'il soit véritable qu'ils eussent des ennemis présens qui soutinssent le contraire, qui niassent le libre arbitre, qui soutinssent que les homes sont dans l'impossibilité absoluë de les observer, et qu'il y eut une necessité inevitable qui les forcat à pecher.

Or qui ne sait que c'est un des chefs de l'erreur des Manichééns et que la méchante nature qu'ils soutenoient ne fut telle qu'il n'y eut aucune puissance capable de vaincre sa malice, non pas même celle de Dieu.

Ne sait on pas que S. Augustin a réfuté ces erreurs qu'il en a remporté une victoire si glorieuse à l'Eglise. Je ne m'arreterai donc pas à le prouver ici, puisqu'il ne faut que lire ce qu'il en a écrit contre eux. Et je me contenterai d'en rapporter quelques passages, pour ne laisser pas la chose sans preuves, quelque connuë qu'elle soit d'elle même.

Or Manichoeus dit que la Nature qu'il dit etre mauvaise ne peut en aucune maniere ètre guérie et renduë bonne.

Et il est misérablement extravagant en ce qu'il veut que la nature du mal soit absolument incapable d'etre changée.

C'est ce qui fait dire a Pelage :

*Nous reconnoissons le libre arbitre etc. et que ceux la errent qui tiennent avec Manichoeus que l'home n'a point de pouvoir de ne point pécher.*

C'est ce qui fait que Julian apelle sans cesse S. Augustin et les catoliques du nom de Manichééns, comme il paroit dans les passages rapportés dans l'autre point.

Julian : *vous niez le libre arbitre avec Manichoeus.*

Et c'est pourquoi S. Jerome aiant dit que les commandemens sont impossibles sans la grace previent l'objection ordinaire de ces hérétiques par ces paroles *vous nous ecrierez incontinent et nous accuserez de suivre le dogme des Manichééns.*

Il est donc hors de doute que tout ce que les lutheriens ont dit de la Concupiscence étoit dit 1.000 ans avant la (35) naissance par ces anciens hérétiques, de cette mauvaise nature.

On ne peut donc pluscontester que les PP. n'aient été forcés à ruiner ces horribles et impies sentimens ; que le libre arbitre est anéanti, que les preceptes sont invinciblement impossibles, que les homes sont contraints necessairement et inévitablement à pecher ; puisqu'ils y etoient obligés autant pour convaincre l'erreur de ceux qui les soutenoient, que pour confondre la calomnie de ceux qui les leur imputoient.

f⁰ 39

Car (36) n'est ce pas une chose nouvelle que les heretiques aient attribué aux catoliques et les erreurs et le nom des hérétiques opposés. *Ce n'est pas une chose surprenante*, dit S. Augustin, *que ceux qui se separent de l'Eglise lui donnent ces noms nouveaux, les autres l'ont fait de même quand ils s'en sont séparés comme eux.*

C'est un artifice ordinaire et commun à tous ses ennemis. Les Lutheriens l'ont suivi dans ces derniers tems. Ils ont imposé aux fidelles le nom de Pelagiens, comme les Pelagiens leur donnoient le nom (37) de Manichééns.

Luthériens, mais l'Eglise n'est point ébranlée par toutes ces agitations, et soutenant dans son immobilité

(35) leur.
(36) Car ce n'est pas.
(37) celui de Manicheens, c'est-à-dire de Luthériens. Mais.

la puissance de la grace contre ceux (38) qui la detruisent, elle apprend aux uns que la grace ne ruine pas le libre arbitre, mais au contraire qu'elle le délivre, et aux autres que la coopération de la volonté n'ote rien à l'efficacité de la grace parce qu'elle en est elle même l'effet (39).

Et ainsi qu'il est manifeste qu'opposant toutes les verités dont elle est depositaire aux faussetés dont l'enfer qui ne peut prevaloir contr'elle essaie en vain de les corrompre, on ne doit pas prétendre qu'elle ruine quelques points de la foi par les autres, ni que les Pères aient nié le libre arbitre par ces passages si formels de l'efficacité de la grace, selon la prétention de Luther, ni qu'ils aient ruiné la grace par ceux du libre arbitre ; puisque ces deux choses subsistent dans un accord parfait et que le défaut de cette connoissance est ce qui a suscité ces erreurs contraires.

Car etc., etc.

Et qu'ainsi cette proposition qu'ils ont été forcés d'establir que les commandemens ne sont pas impossibles, ne soit autre chose que la négative de celle cy qu'on leur imposoit, que les commandemens sont absolument impossibles.

Et qu'ainsi elle n'exclue que ce seul sens, et n'exprime (40) autre chose si non : qu'il n'est pas impossible que les hommes n'observent les Precepts.

---

(38) ceux qui la nient et la liberté de la volonté contre ceux qui la détruisent,
(39) un effet.
(40) et qu'elle n'exprime.

### Dernier moien

On voit assez par tant de preuves que les Mani- chééns et les Lutheriens etoient dans une erreur pa- reille touchant la possibilité des preceptes. Et qu'en- core qu'ils diférassent en ce que les uns attribuoient à une nature mauvaise et incorrigible ce que les autres imputent à la corruption invincible de la nature, ils convenoient néanmoins dans ces conséquences ; que le libre arbitre n'est point dans les hommes ; qu ils sont contraints à pécher par une necessité inévitable, et qu'ainsi les preceptes leur sont absolument impos- sibles.

f⁰ 40 (in margin)

De sorte que ne différant que dans les causes et non pas dans l'effet qui est le seul dont il est question en cette matière on peut dire avec verité que leurs senti- mens sont semblables touchant la possibilité ; Et que les Manichééns etoient les Luthériens de leur tems, comme les Lutheriens sont les Manichéens du notre.

Qui sera donc si aveuglé que de ne pas reconnoitre que les PP autres fois et le Concile de trente en ces derniers tems, ont eu une obligation pareille et pa- reillement indispensable d'opposer à ces sentimens impies, celui dont nous traitons que les commande- mens ne sont pas impossibles au sens de ces héré- tiques.

Aussi il n'y personne qui juge de cette question avec sincerité qui ne reconnoisse une verité si evidente, et tous ceux qui en ont écrit avec froideur l'ont té- moigné par leurs Ecrits dont il seroit aisé de rapporter plusieurs passages ; mais je me contenterai de celui ci d'Estius qui montre tout ensemble et que les anciens PP n'ont réfuté cette impossibilité qu'au sens des Mani-

chééns et pour se défendre des reproches des Pelagiens ; et que le Concile de Trente ne l'a fait de même
qu'au sens des Luthériens, ce qui est tout le sujet et
de ce point qui est déjà trop éclairci, et que je finirai
par ces paroles :

*Or cette proposition que Dieu commande des choses
impossibles aux hommes etoient imputée avec aigreur par
les Pelagiens aux Catholiques, et les Catholiques la re-*
41 *poussoient avec autant d'ardeur, parce qu'elle appartient
à la doctrine des Manichééns qui soutenoient que les
homes ne peuvent eviter de pécher accause de la mauvaise
nature dont ils sont composés. Et les PP. ont condamné
cette opinion, en telle sorte qu'ils ont nié cette impossibilité
simple d'observer les préceptes, soit qu'on l'attribuât à
ce mauvais principe qui n'est point en effet, soit à la corruption de la nature arrivée par Adam.*

Parce qu'encore que l'observation des preceptes
soit impossible à la nature et à la loi, neanmoins la
grace de J.-C. la rend possible et meme l'accomplit.
Et l'on peut voir cette doctrine définie et clairement
expliquée dans le Concile de trente sess. 6, ch 11 et
Can 18 (41) Est. l. 9. dist 27, p. 6.

(41) et can. 18.

# FRAGMENTS SUR LA GRACE

figurant

dans le *Recueil Original* (MS. 9202)

◼

Mi. 309 — Br. 513. —

(Nº 14. 0. des pensées détachées du MS. de l'abbé Périer.)

Pourquoi Dieu a établi la prière.

1º Pour communiquer à ses créatures la dignité de la causalité.

2º Pour nous apprendre de qui nous tenons la vertu.

3º Pour nous faire meriter les autres vertus par travail.

Mais pour se conserver la première il donne la prière à qui il lui plait.

Objection : « Mais on croira qu'on tient la prière de soi. » Cela est absurde, car, puisque, ayant la foi, on ne peut pas avoir les vertus, comment aurait on la foi ? I a t'il pas plus de distance de l'infidélité à la foi, que de la foi à la vertu ?

Mérité : ce mot est ambigu : « *Meruit habere redemptorem — Meruit tam sacra membra tangere. — Digno tam sacra membra tangere — Non sum dignus — Qui manducat indignus... — Dignus est accipere... — Dignare me. —* »

Dieu ne doit que suivant ses promesses. Il a promis d'accorder la justice aux prières : jamais il n'a promis les prières qu'aux « enfants de la promesse ».

Saint Augustin a dit formellement que les forces seront ôtées au juste, mais c'est par hasard qu'il l'a dit : car il pouvait arriver que l'occasion de le dire ne s'offrît pas. Mais, ses principes font voir que, l'occasion s'en présentant, il était impossible qu'il ne le dît pas, ou qu'il dît rien de contraire. C'est donc plus d'être forcé à le dire, l'occasion s'en offrant que de l'avoir dit, l'occasion s'étant offerte : l'un étant de nécessité, l'autre de hasard. Mais les deux sont tout ce qu'on peut demander.

\*\*\*

Mi 322 — Br 744. —

« Priez, de peur d'entrer en tentàtion. » Il est dangereux d'être tenté ; et ceux qui le sont, c'est parce qu'ils ne prient pas.

... Saint Pierre demande permission de frapper Malchus, et frappe avant que d'ouïr la réponse ; et Jésus Christ répond après.

\*\*\*

Mi 881 — Br 514. —
(feuille ajoutée au *Recueil Original* en 1864.)

Operez votre salut avec crainte.

Preuves de la grace. *Petenti dabitur.* Donc il est en notre pouvoir de demander. Au contraire donc il n'y est pas, puisque l'obtention y est le prier n'y est pas. Car puisque le salut n'y est pas, et que l'obtention y est, la prière n'y est pas.

Le juste ne devrait donc plus espérer en Dieu, car il ne doit pas espérer, mais s'efforcer d'obtenir ce qu'il demande.

Concluons donc que puisque l'homme est incapable maintenant d'user de ce pouvoir prochain et que Dieu ne veut pas que ce soit par là qu'il ne s'eloigne pas de lui, ce n'est que par un pouvoir efficace qu'il ne s'eloigne pas.

Donc ceux qui s'eloignent n'ont pas ce pouvoir sans lequel on ne s'eloigne pas de Dieu et ceux qui ne s'eloignent pas ont ce pouvoir efficace.

Donc ceux qui ayant persévéré quelque temps dans la prière par ce pouvoir efficace, cessent de prier manquent de ce pouvoir efficace. Et partant Dieu quitte le premier en ce sens.

\* \* \*

Mi 618 — Br 636. —

Si ne marque pas l'indifférence : *Malachie.* (Isaie : *Si volueris...* etc. ; *In quacumque die.*)

## Mi 479 — Br 777.

Les effets « *in communi* » et « *in particulari* ». Les semi-pélagiens errent en disant de « *in communi* » ce qui n'est vrai que « *in particulari* », et les calvinistes en disant « *in particulari* » ce qui est vrai « *in communi* », ce me semble.

## Mi 780 — Br 390.

Mon Dieu ! que ce sont de sots discours ! « Dieu aurait il fait le monde pour le damner ? Demanderait il tant de gens si faibles, etc... » Pyrrhonisme est le remède à ce mal et rabattra cette vanité.

## Mi 597 — Br 781

Les figures de la totalité de la redemption, comme « que le soleil éclaire à tous », ne marquent qu'une totalité ; mais les figurantes des exclusions, comme « des Juifs élus à l'exclusion des Gentlis », marquent l'exclusion.

## Mi 598 — Br. 781

« Jesus-Christ redempteur de tous. » Oui, car il a offert, comme un homme qui a racheté tous ceux qui voudront venir à lui. Ceux qui mourront en chemin, c'est leur malheur, mais quant à lui il leur offrait rédemption. Cela est bon en cet exemple, où celui qui rachète et celui qui empêche de mourir sont deux, mais non pas en Jesus Christ, qui fait l'un et l'autre. — Non, car Jésus Christ, en qualité de rédempteur, n'est pas peut être maître de tous ; et ainsi en tant qu'il est en lui, il est redempteur de tous.

## Mi 599 — Br 781.

Quand on dit que Jésus Christ n'est pas mort pour tous, vous abusez d'un vice des hommes, qui s'appliquent incontinent cette exception ; ce qui est favoriser le desespoir ; au lieu de les en détourner pour favoriser l'espérance. Car on s'accoutume ainsi aux vertus intérieures par ces habitudes extérieures.

Mi 689 — Br 521.

La grâce sera toujours dans le monde (et aussi la nature), de sorte qu'elle est en quelque sorte naturelle. Et ainsi, toujours il y aura des pélagiens, et toujours des catholiques, et toujours combat, — parce que la première naissance fait les uns, et la grâce de la seconde naissance fait les autres.

\*\*\*

Mi 563 — Br 862.

L'Eglise a toujours été combattue par des erreurs contraires, mais peut-être jamais en même temps, comme à présent. Et si elle en souffre plus, à cause de la multiplicité d'erreurs, elle en reçoit cet avantage qu'elles se détruisent.

Elle se plaint des deux, mais bien plus des calvinistes, à cause du schisme.

Il est certain que plusieurs des deux contraires sont trompés ; il faut les désabuser.

La foi embrasse plusieurs vérités qui semblent se contredire. *Temps de rire, de pleurer, etc. Responde. Ne respondeas,* etc.

La source en est l'union de deux natures en Jésus-Christ ; et aussi les deux mondes (la création d'un nouveau ciel et nouvelle terre ; nouvelle vie, nouvelle mort ; toutes choses doublant, et les mêmes noms demeurant) ; et enfin les deux hommes qui sont dans les justes (car ils sont les deux mondes, et un membre et image de Jésus-Christ. Et ainsi tous les noms leur conviennent : de justes, pécheurs ; mort, vivant ; vivant, mort ; élu, réprouvé, etc.).

Il y a donc un grand nombre de vérités, et de foi et de morale, qui semblent répugnantes, et qui subsistent toutes dans un ordre admirable. La source de toutes les hérésies est l'exclusion de quelques-unes de ces vérités et la source de toutes les objections que nous font les hérétiques est l'ignorance de quelques-unes de nos vérités. Et d'ordinaire il arrive que, ne pouvant concevoir le rapport de deux vérités opposées, et croyant que l'aveu de l'une enferme l'exclusion de l'autre, ils s attachent à l'une, ils excluent l'autre, et pensent que nous, au contraire. Or l'exclusion est la cause de leur hérésie ; et l ignorance que nous tenons l'autre, cause leurs objections.

1es exemple : Jésus-Christ est Dieu et homme. Les Ariens, ne pouvant allier ces choses qu'ils croient incompatibles, disent qu'il est homme : en cela ils sont catholiques. Mais ils nient qu'il soit Dieu : en cela ils sont hérétiques. Ils prétendent que nous nions son humanité : en cela ils sont ignorants.

2e exemple : sur le sujet du Saint Sacrement. Nous croyons que la substance du pain étant changée, et transsubstanciée, en celle du corps de Notre-Seigneur, Jésus-Christ y est présent réellement. Voilà une des vérités. Une autre est que ce Sacrement est aussi une figure de la croix et de la gloire, et une commémoration des deux. Voilà la foi catholique, qui comprend ces deux vérités qui semblent opposées.

L'hérésie d'aujourd'hui, ne concevant pas que ce

Sacrement contienne tout ensemble et la présence de Jésus-Christ et sa figure, et qu'il soit sacrifice et commémoration de sacrifice, croit qu'on ne peut admettre l'une de ces vérités sans exclure l'autre pour cette raison.

Ils s'attachent à ce point seul, que ce Sacrement est figuratif ; et en cela ils ne sont point hérétiques. Ils pensent que nous excluons cette vérité ; de là vient qu'ils nous font tant d'objections sur les passages des Pères qui le disent. Enfin ils nient la présence ; et en cela ils sont hérétiques.

3ᵉ exemple : les indulgences.

C'est pourquoi le plus court moyen pour empêcher les hérésies est diinstruire de toutes les vérités ; et le plus sûr moyen de les réfuter est de les déclarer toutes. Car que diront les hérétiques ?

Pour savoir si un sentiment est d'un Père...

# TABLE DES MATIÈRES

———————

2-1947 — Imprimerie Ch.-A. BÉDU à St-Amand (Cher)
O. P. L. nº 31.1293

1er trimestre 1947 : Nº 76
Dépôt légal d'Imprimeur, Nº 505

———————

2-1947 — Imprimerie Ch.-A. BÉDU à St-Amand (Cher)
O. P. L. nº 31.1293

1er trimestre 1947 : Nº 76
Dépôt légal d'Imprimeur, Nº 505